리더는
마음을 만지는
사람이다

성공을 주도하는 관계 콘텐츠의 힘

리더는
마음을 만지는
사람이다

김명중 지음

EBS BOOKS

파괴적 혁신의 시대,
리더부터 바뀌어야 한다

창밖의 교정을 바라보고 있노라면 하늘과 맞닿아 있는 지상은 참으로 고요하고 아름답기만 하다. 하지만 눈을 돌려 세상을 마주하면 우리는 혼란스럽고 암담한 시기를 지나고 있다. 외부적으로는 러시아·우크라이나 전쟁의 장기화를 비롯해 격화되는 미·중 패권 경쟁, 자국 우선주의 강화, 기후 위기로 인한 환경규제 강화, 인플레이션 등 다양한 위기 요인이 국내 기업의 경영을 어렵게 하고 있다. 내부적으로는 경기 침체 장기화, 이념·정치·지역·세대 등 삶의 모든 영역에서 양극화가 극으로 치달으며 스트레스에 노출되어 있다. 그 어느 때보다 개인의 자유가 인정받고 편리함을 누리고 있지만, 다원성을 포용하지 못하고 서로의 이견을 조율하지 못한 채 갈등이 심화되고 있다. 코로나19라는 기나긴 사회적 재난의 터널을 빠져나왔지만, 그 끝에는 코로나19보다 더 암울하고 불안한 세상이 기다리고 있다.

사람들은 위기가 심각하고 리스크가 클수록 리더의 눈과 입을 응시한다. 혼란이 가중될수록 리더의 판단과 행동에 더욱 의지한다. 지금과 같은 시기에는 길을 만들고 사람들을 이끌고 앞을 헤쳐나가야 하는 리더의 역할이 더욱 중요해질 수밖에 없다.

시대가 요구하는 리더십과 관련한 서적은 오랜 시간 끊임없이 등장했다. 하지만 변화무쌍한 현장의 CEO 스타일을 어떤 특정한 리더십 분류 카테고리에 집어넣는 것은 '둥근 대나무 통에 네모난 메줏덩어리를 억지로 끼워 넣는 것'과 같은 우를 범할 우려가 있다. 리더십이란 궁극적으로 그 조직의 특성과 현재 처한 여건에 따라 다양한 스타일을 적용해 활용할 수밖에 없기 때문이다.

시간에 쫓기는 프로젝트를 기한 내에 완수해야 하거나 결정적인 조치가 필요할 때는 권위주의적 리더가 필요할 것이며, 소속감과 창의성이 발휘되어야 할 때는 협력적이고 민주적인 리더십이 유용하다. 모든 구성원이 전문가일 경우에는 리더가 나서는 대신 구성원들에게 완전한 의사 결정을 일임하는 자유방임형의 위임 리더십이 필요할 수도 있다. 분명한 것은 구성원들이 신나게 일할 수 있는 조직, 보람을 느낄 수 있는 조직, 구성원들이 존중받는 조직, 그리고 동기부여가 이루어지는 조직을 만들어가는 것이 리더의 역할이라는 점이다.

코로나19라는 비대면 시대를 빠져나와 엔데믹 시대로 접어든 지금 '이 시대에 필요한 다시 쓰는 리더십'에 관한 원고 청탁을 받고 나서 나의 전공인 커뮤니케이션 분야가 아니라 잠시 고민했다. 그러던 중 "교수를 하면서 공기관에서 부사장, 상임감사, 사장직에 임하지 않았는가. 어쩌면 다양한 위치에서 리더를 경험한 유일한 사람일 수도 있다'라고 한 지인의 말에 용기를 내었다.

EBS 사장으로 재직하는 동안 나는 나름대로 성과를 이루었다. 첫째, 코로나 19라는 한 번도 경험하지 못한 팬데믹 속에서 대한민국의 교육 공백을 성공적으로 메꾸었다. 초중고 12개 전 학년을 대상으로 한 온라인 클래스와 라이브 특강을 서비스했으며, 이를 통해 EBS는 국민의 뜨거운 응원과 국제 사회의 주목을 받았다. 둘째, 방송사 역사상 찾아보기 힘든 '펭수' 캐릭터를 성공시켜 지금까지도 많은 사람의 사랑을 받고 있다. 셋째, 노벨상 수상자 등 세계 석학들이 대거 출연하는 고품격 강연 다큐멘터리 프로그램 〈위대한 수업, 그레이트 마인즈〉를 론칭해 우리나라의 공영 방송이 글로벌 공영 방송으로 나아갈 길을 과감하게 모색했다. 이처럼 3년간 EBS 사장으로 재직하면서 리더로서 경험했던 일들은 충분히 독자와 공유할 수 있을 만한 가치가 있다고 판단했다. 미리 밝혀두지만 이 같은 성공은 결코 CEO 개인의 공이 아니라 조직 구성원의 힘이 하나로 모여 이루어진 성과임을 밝혀둔다.

이 책은 리더십에 관한 학술서적도 아니고, 그렇다고 특정한 리더십에 관한 연구 내용도 아니다. 내가 리더로서 현장에서 경험하고 느꼈던 사례 중심으로 담담하게 서술했다. 장기간의 비대면 시대를 마치고 엔데믹으로 진입하면서 다시 오프라인 관계가 중요해진 시점에 이 책을 관통하는 하나의 키워드는 '공유'다. 우리 사회 변화의 큰 흐름이기도 한 공유는 그 어느 때보다 민주적·세대 간 소통이 중요하다. 이 책은 통찰, 권력, 마음, 그리고 경험의 공유라는 총 4개 장으로 구성되었으며, 각각 공유를 통해 본질에 대한 집중, 슬기로운 위기 대응과 새로운 기회 포착, 금기와 경계를 뛰어넘은 미래를 향한 도전, 지속 성장 도모를 이뤄나가는 것에 대해 이야기한다.

사회적 변화 템포가 가히 파괴적이라 할 만큼 빠르게 진행되고 있다. 이 같은 변화의 파고를 슬기롭게 타고 넘기 위해서는 무엇보다 리더 자신부터 변화해야 한다. 이 책에 담긴 나의 경험이 고군분투하는 현장의 리더에게, 또는 곧 리더로 입문하게 될 누군가에 방향 지시등처럼 아주 작은 도움이라도 되었으면 하는 바람이다. 현재 CEO나 경영진뿐만 아니라 크고 작은 조직의 리더들에게도 참고가 될 것이라고 믿고 싶다. 또한, 앞으로 자기 계발을 통해 미래 창업을 꿈꾸는 예비 사업가들에게도 미약하게나마 유용한 정보가 되길 바란다. 조직과 개인의 성장과 발전을 위해 이 책이 유용한 정보가 된다면 다행스러운 일이 아닐 수 없다. 독자들 각자의 처지에서 적절한 해석과 진화된 리더십을 참고하고 만들어 가길 간절히 희망한다.

2023. 10.
김명중

목 차

프롤로그

파괴적 혁신의 시대, 리더부터 바뀌어야 한다 ·······························04

PART I

통찰의 공유, 본질에 집중하라

리더의 선택은 수많은 운명을 바꾼다 ··14

보스가 될 것인가, 리더가 될 것인가 ··20

CEO에게 초보운전은 용납되지 않는다 ·······························28

사회의 변화보다 더 빨리 변해라 ··34

사람 보는 눈이 미래를 만드는 힘이다 ·······························42

통찰력 없는 리더는 경쟁자보다 무섭다 ·······························52

PART 2
권력의 공유, 위기 없이는 기회도 없다

뛰어난 리더는 모두의 지혜를 활용한다 ·····················62

권력보다 권위, 영향력을 넓혀라 ·····························68

리더의 메시지는 분명해야 한다 ·····························80

해야만 한다 vs. 해내고야 말겠다 ···························88

정직은 가장 확실한 자본이다 ······························94

갇힌 생각을 깨야 문제를 해결할 수 있다 ···················102

정보는 공유할 때 가장 값비싸다 ·························110

자신의 가치는 스스로 만드는 것이다 ·····················118

PART 3
마음의 공유, 금기와 경계를 뛰어넘어라

공유하고 공감하라 ···128

인정받는 사람은 힘든 일도 즐겁게 한다 ·············134

'내'가 아닌 '너'를 생각해야 감동이 만들어진다 ·······144

귀를 닫은 리더에게 남는 사람은 없다 ···············150

창의성에는 용기도 필요하다 ·····························158

생각은 이해시킬 수 있으나 마음은 얻어야 한다 ·····166

존경심이 깃든 마음에 두려움도 자라는 법이다 ·······174

리더는 사람 꼴을 잘 보아야 한다 ·····················180

단지 먹기만 하는 것은 기회 낭비다 ···················190

PART 4

경험의 공유, 지속 성장 가능성을 만들어라

하나의 점이 이어지면 선이 된다 ·······················204

인간이 먼저고, 비즈니스는 그다음이다 ·················210

아이디어는 경험의 결과물이다 ·······················220

예술의 끝은 사람을 향해 있다 ·······················228

사소한 노력이 행복한 조직을 만든다 ·················234

에필로그

리더는 경영을 총괄하는 '지휘자'다 ···················244

통찰의 공유,
본질에 집중하라

통찰은 직관과도 같다.
잘못된 통찰은 큰 오류를 만들 수 있다.
올바른 통찰을 위해 리더는
끊임없이 자기를 돌아보고 분석해야 한다.

리더의 선택은
수많은 운명을 바꾼다

리더십이란 사람들이 할 수 있다고
생각한 적이 없는 일을 하도록
영감을 주는 것이다.

- 애플 창업자, 스티브 잡스

100년이 지나도 리더의 역할은 변하지 않는다

100년이 훌쩍 지났지만, 많은 사람이 기억하는 사건이 있다. 제임스 카메론James Cameron 감독의 영화로도 유명한 타이타닉 침몰 사고이다. 1912년 4월 10일, 당시 세계 최대의 여객선 타이타닉은 출항 4일 만에 빙산과 충돌해 바닷속으로 침몰했다. 세계 최대의 해난 사고로 역사에 남은 이날 2,200여 명의 승선인 가운데 70퍼센트에 가까운 1,500여 명이 유명을 달리했다.*

역사상 유례없이 참담한 사건으로 기록된 타이타닉을 보면 리더의 역할과 존재가 얼마나 큰지 다시 한번 생각해볼 수 있다. 타이타닉 사고에는 3명의 선장리더이 등장한다. 타이타닉을 책임졌던 에드워드 스미스 선장, 타이타닉과 가장 가까운 곳에 있었던 캘리포니안호의 스탠리 로드 선장, 조난자들을 구조한 카르파티아호의 아서 로스트론 선장이다.

에드워드 스미스 선장은 수많은 인명의 생명을 책임진 리더로서 안전에 소홀했다. 출항 전부터 빙산이 돌아다닌다는 소식을 들었지만, 묵살했다. 보고 체계는 정상적으로 작동하지 않았고, 항해에 중요한 쌍안경 보관함 열쇠를 인계받지 못했다는 것을 알면서도 조처하지 않았다. 세계 최대 여객선, 최고의 기술력으로 제조된 배, 처녀 항해라는 분위기에 고무되어 리더 본연의 역할을 잊었다. 리더의 태도는 무언無言 속에서 전달된다. 선원들은 안전보다 부자 승객들의 뒤를 돌보기에 바빴고, 계속해서 보내오는 경고 통신을 무시했다.

---

* 나무위키, 타이타닉호 침몰 사고 참조

캘리포니안호의 스탠리 로드 선장은 안일했다. 타이타닉과 가장 가까이 있었고, 구조신호를 가장 먼저 보았지만, 아무도 구조하지 못했다. 타이타닉에서 구조 요청을 보냈을 때 캘리포니안호의 통신사通信士는 오랜 격무로 수신기를 끄고 자고 있었다. 물에 잠겨 통신이 끊어진 타이타닉에서는 폭죽과 항해등을 이용해 계속해서 조난신호를 보냈고, 이를 이상하게 여긴 선원들이 스탠리 로드 선장에게 보고했다. 하지만 선장은 구조신호라고 볼 근거가 없다며 아무런 조처를 하지 않았다. 뒤늦게 사고임을 알아차리고 침몰 지점으로 달려갔지만, 이미 너무 늦은 후였다. 타이타닉과 캘리포니안호, 두 선박 간 거리는 겨우 16킬로미터에 불과했다.

카르파티아호 아서 로스트론 선장은 달랐다. 카르파티아호의 통신사도 잠자리에 들었지만, 헤드셋을 끼고 있었다. 구조신호를 받은 통신사는 세계 최대의 여객선이 침몰한다는 사실에 반신반의했지만, 곧바로 선장에게 보고했다. 대형 사고임을 직감한 로스트론 선장은 즉시 사고 현장으로 달려갔고, 생존자들을 구조할 수 있었다. 카르파티아호가 있던 곳은 타이타닉과 100킬로미터가 떨어진 곳, 최대 속력으로 달려도 4시간이 걸리는 거리였다.

리더의 선택이 수많은 운명을 바꾼다

다른 관점에서 보면 로드 선장을 비난할 이유는 없다. 격무로 지쳐 잠든 통신사를 생각하는 마음 따뜻한 상사다. 폭죽과 항해등을 조난신호라고 볼 이유도 없다. 당시 타이타닉은 처녀 항해였고, 기쁨과 환희에 넘친 승객들을 위한 이벤트나 선상 파티의 유흥이라고 보아도 전혀 이상하지 않다. 게다가 사고임을 알고 난 후에는 생존자들을 구하기 위해 현장으로 달려가기까지 했다. 오히려 로스트론 선장이 무모하다. 4시간이 넘는 거리를 전속력으로 달려가다 타이타닉처럼 빙산을 만나 침몰할 수도 있었다. 영웅주의 의식에 사로잡혀 선원들은 물론 승객까지 위험에 빠트린 독선적인 상사일 수 있다. 무리하게 달려가도 다른 배가 이미 구조를 끝냈을 수도 있다.

제삼자 입장에서는 쉽게 말할 수 있지만, 실시간으로 현장을 마주한 사람의 결정은 복합적인 상황에서 내려진다. 그런데도 사고 후 세상은 캘리포니안호에 비난의 화살을 쏟아부었고, 카르파티아호의 선장과 선원들을 영웅처럼 떠받들었다. 이러한 결과는 로드 선장이 하지 않았던 단 하나의 행동 때문이었다. 첫 보고를 받았을 때, 통신사를 깨워 상황을 알아보지 않은 것이다.

우리는 살아가면서 수많은 위기를 만난다. 단적으로 개인은 자기 인생만 걸려 있지만, 리더는 수많은 사람의 운명을 쥐고 있다. 리더의 결정에 따라 조직의 운명은 물론 생사가 갈리기도 한다.

로드 선장은 5분, 길어야 10분이면 객관적으로 알아볼 수 있었던 상황을 자기 생각만으로 어설프게 마무리했다. 깊이 잠든 통신사를 깨우기 미안하고 안쓰러웠겠지만, 잠깐 독해지지 못해 캘리포니안호 선원들은 살아 있는 동안 세상으로부터의 비난을 피할 수 없었고, 비참한 최후를 맞이해야 했다(고의성이 없었다는 이유로 처벌은 받지 않았다).

반대로 로스트론 선장은 승객에게 양해를 구하고, 식당을 제외한 배의 모든 난방과 온수를 꺼서 동력을 배에 집중한 뒤 전속력으로 달려갔다(식당 난방을 유지한 것은 장시간 물에 빠져 있었을 생존자들을 위해서였다). 이런 로스트론 선장의 빠르고 정확한 판단 덕분에 700명이 넘는 타이타닉 조난자들이 목숨을 구할 수 있었으며, 로스트론 선장은 미국 의회로부터 명예 황금 훈장을 받았다. 만약 로스트론 선장이 너무 멀다는 이유로, 이미 늦었을 것이라는 짐작만으로 구조를 포기했더라면 생존자는 한 명도 없었을지 모른다.

리더란 배의 방향키를 잡은 노잡이다

타이타닉은 완전히 침몰한 후에도 1,000여 명의 사람들이 생존해 있었다. 살고자 하는 인간의 생존 본능은 쉽게 꺼지지 않았다. 구명조끼에 의지하고, 배의 부유물에 매달려 영하 2도라는 차가운 수온을 견뎌냈다. 사고 당시 구명보트 수가 턱없이 부족함에도 불구하고(당시 법으로는 문제가 없었다), 구명보트 대부분은 정원을 채우지 않은 채 급히 피신했다. 공포와 극한의 상황이 이성을 마비시킨 것이다. 멀리서 타이타닉이 침몰하던 것을 지켜보던 사람들은 다시 돌아가서 생존자들을 구해야 하는지를 두고 다투었다. 그러나 구명보트 대부분이 돌아가지 않았다. 보이지 않는 위험 때문이었다.

구명보트에서는 노를 잡은 이들이 리더다. 그들이 사람들의 의견을 취합해 뱃머리의 '방향'을 달리했다면 타이타닉의 생존자 수와 사망자 수는 반대가 될 수 있었을까?

리더의 결정은 무겁다. 생존자를 구하겠다며 의협심만 불태워서도 안 된다. 구명보트가 소용돌이에 휩쓸릴 수 있고, 생존자들이 매달려 자칫 구명보트가 뒤집히기라도 하면 가까스로 살아난 사람들의 목숨까지 위태롭게 만들 수 있다. 리더는 여러 정보를 취합하고 그 속에서 답을 찾아야 한다. 구명보트에 탔던 사람들이 쉽사리 뱃머리를 돌리지 못했던 이유일 것이다. 역사에 '만약'은 없다지만, 당시 상황에서 나라면 어떻게 했을까, 생각해 보게 되는 지점이다.

타이타닉, 캘리포니안호, 카르파티아호의 선원들은 모두 각자의 역할에 충실했다. 주변을 살피고, 보고하고, 지시에 따랐다. 달랐던 것은 리더의 판단과 결정이다. 순간적으로 어떤 선택을 했느냐에 따라 한쪽은 평생 지워지지 않는 불명예를, 한쪽은 가슴 부푸는 영광을 안고 살았다. 그러니 어찌 리더라는 자리가 무겁지 않을 수 있겠는가. 타이타닉은 언제나 내게 많은, 깊은 생각을 하게 한다.

보스가 될 것인가,
리더가 될 것인가

보스에게는 직함이 있고,
리더에게는 사람이 있다.
- 동기부여가, 사이먼 사이넥

현대는 집단 지성을 통해 문제 해결을 모색하는 때

1970~80년대, 우리나라가 고도 성장한 산업화 시대에는 강력한 리더십이 통했다. 몇십 년간 타국의 지배를 받고, 동족끼리의 전쟁에서 갓 벗어난 빈국, 무언가를 해내야 했지만, 무엇을 해야 할지 몰랐던 혼돈의 시대에 사람들을 하나로 뭉치고 이끌어가기 위해서는 강력한 리더십이 효율적이었다.

제조업 위주로 성장을 거듭하던 산업 구조상으로도 강력한 리더십이 필요했을 것이다. 어떤 제품을 만들지 결정했다면 중간에 문제가 생겨도 제품을 포기하거나 번복하기 어렵다. 공장이 멈추거나 새로운 제품을 만들기에는 리스크가 너무 컸기 때문이다. 문제가 발생하면 심사숙고해 결정을 내리고, 한 번 내린 결정은 끝까지 흔들림 없이 밀고 나가야 했다. 이런 환경에서는 '나를 따르라'는 강력한 카리스마 리더십이 존경받고 통할 만했다.

강력한 리더십으로 국가적 대사를 성공시킨 전설적인 성공 사례는 무수히 많다. 물론 '강력한'이라는 말에는 무조건 몰아붙인다는 것이 아니라 의사 결정이 분명하고, 행동력이 뛰어나다는 의미도 있다. 그러나 그 의미가 어느 쪽이든 리더가 카리스마를 가지고 전제주의적 스타일로 이끄는 시대는 지났다. 지금은 모든 프로세스를 민주적 절차에 의해 진행하며, 집단 지성을 통해 문제 해결을 모색해야 하는 때다.

한 가지 리더십 타입만 고집할 이유는 없다

리더십 연구가 만즈와 심스에 따르면 리더십 유형은 보통 네 가지로 나뉜다. 첫 번째는 카리스마 리더십, 권위적 리더십을 통칭하는 '지시적 리더'다. 지시적 리더는 구체적인 지시를 통해 구성원이 해야 할 일을 명확하게 설정해 주는 전통적인 리더다. 두 번째, 보상이나 처벌을 이용해 자신이 기대하는 목표나 성과를 달성하도록 하는 '거래적 리더'다. 구성원들이 가치 있게 여기는 것을 제공하고, 그 제공에 대한 대가로서 성과를 유도한다. 세 번째는 거래적 리더와 대별되는 개념인 '변혁적 리더'다. 비전과 공동체적 사명감을 강조하면서 구성원의 사기를 고양시켜 목표를 달성하고자 하는 리더 유형이다. 마지막은 직원을 리더로 성장시키는 리더, 리더 위의 더 큰 리더라는 의미의 '슈퍼 리더'가 있다.

한 여론기관의 설문조사에 따르면 MZ세대가 가장 선호하는 경영진의 리더십 유형은 직원과 함께 고민하고 개방적 의사소통을 통해 결정하는 '소통형_{슈퍼 리} 더, 77.9퍼센트'라고 한다. 신속함과 강력함을 특징으로 하는 '카리스마형_{지시적} 리더'과 직원에게 권한을 위임하고, 업무 처리 시 자율성을 부여하는 '위임형_{거래} _{적 리더}'은 각각 13.9퍼센트와 8.2퍼센트에 불과했다.*

우리는 매번 새로운 리더의 유형을 만들어내고, 카리스마 있는 리더와 겸손한 리더, 부드러운 리더 중 누가 더 나은지 토론한다. 하지만 어느 한쪽이 절대선이라고 말할 수는 없다. 조직의 특성, 업종, 상황, 위기인지에 따라 필요한 리더의 유형이 달라지기 때문이다.

타이타닉이 가라앉고 있는 상황에서 겸손한 리더십은 무의미하다. 이때는 강력한 카리스마, 지시적 리더십이 필요하다. 안전이나 보안 관련 산업 등에서도 지시적 리더로서의 접근이 더 필요할 수 있다. 그래도 굳이 나눈다면 나는 리더의 유형을 두 가지로 본다. 나폴레옹처럼 앞장서서 이끌 것인가? 예수처럼 조직에 섞여 들어 솔선수범할 것인가?

뚝심인가, 유연성인가

SBS 드라마 〈낭만닥터 김사부 3〉에서 외상센터 직무대행을 맡게 된 강동주^{유연석} 분이 불도저처럼 일을 밀고 나가자 조직은 큰 혼돈에 빠지고, 직원들이 보이콧하는 상황에까지 이르게 된다. 김사부^{한석규} 분는 강동주에게 걱정스러운 듯 묻는다.

"넌 뭐가 되고 싶은 거냐? 보스야? 아니면 리더야?"

영미권에서 보스^{boss}는 일반적으로 집단의 최고책임자, 상사를 지칭한다. 하지만 우리나라에서 보스라고 하면 두목, 우두머리를 떠올린다. 반면 리더^{leader}라고 하면 안내하다, 이끈다는 느낌이 든다. 이처럼 두 단어가 풍기는 뉘앙스는 상당히 다르다.

[네이버 영어사전]

● **boss** 3. ~를 쥐고 흔들다

　(leader의 원형)

● **lead** 1. (앞장서서) 안내하다[이끌다/데리고 가다] (=guide)

　　　 2. (사물·장소로) 연결되다

---

* 'MZ세대 78%, "함께 고민하는 '소통형' 리더 선호"', 뉴시스, 2023. 4. 10. 전국경제인연합회가 여론조사기관 모노리서치에 의뢰, MZ세대 827명을 대상으로 '기업 인식조사'를 실시한 결과임.

'~를 쥐고 흔든다'는 의미를 품고 있는 것처럼 보스는 권력을 가진 자로서 효율성이나 생산성에 최우선 목적을 두고, 주로 명령과 지시를 내린다. 그래서 보스는 두려운 존재이고, 구성원들의 마음을 사는 데 한계가 있다. 물론 성공적인 보스형 CEO도 있다. 테슬라와 스페이스X의 창업자인 일론 머스크[Elon Musk], 삼성전자의 창업자인 이병철 회장이나 현대그룹 창업자인 정주영 회장, 포항제철 현 포스코의 박태준 회장 등이 보스형 CEO다. 이들은 보스형 리더로서 역량과 비전, 혁신적 사고 등을 갖추고 있다.

그러나 지금은 과거처럼 심사숙고할 시간적 여유도 없고, 오늘 결정한 내용을 내일의 상황에 따라 뒤집을 수도 있다. 끊임없이 계획을 수정하고, 새로운 것을 반영해야 겨우 살아남을 수 있다. 이러한 사회 구조 속에서 필요한 것은 뚝심 있게 밀고 나가는 보스보다는 변화에 유연하게 반응하고, 신속하게 받아들이는 리더라고 생각한다.

유약어수柔弱於水, 강한 것은 부드러움을 이기지 못한다

노자의 《도덕경》에 나오는 "유약어수柔弱於水"는 약한 것이 강한 것을 이길 수 있다는 의미다. 세상에는 물처럼 유연하고 약한 것이 없으나 견고하고 강한 것을 이기는 것은 물보다 앞선 것이 없다. 물이 이렇게 강하고 견고한 것을 이길 수 있는 것은 바로 부드러움과 약함에서 나온다.

이와 유사한 의미로 "상선약수上善若水"라는 말이 있다. 으뜸이 되는 선은 물과 같다는 의미다. 물은 담는 용기에 따라 형태가 달라지는 유연성을 갖고 있어 변화에 유연하다. 물은 부드럽고 순하기에 강하고 단단한 것을 당장 변하게 할 수는 없지만, 꾸준한 인내와 수동적인 움직임으로 단단한 바위도 아주 미세하게 깎아 낼 수 있다.

지나치게 강한 리더십은 모든 결정 권한이 한 사람에게 집중되어 집단 지성을 통한 합리적 결정을 어렵게 한다. 리더의 결정권이 너무 강하면 독단으로 흐를 가능성이 있고, 유연성이 부족해 위기를 극복하는 데 약점이 될 수 있다. 더 나아가 리더가 지나치게 중앙집중적이거나 상명하복을 선호할 경우 구성원들이 창의성을 발휘할 수 있는 자유스러운 조직 문화를 형성하는 데 제약이 될 수 있다. 더 큰 문제는 리더의 부재 시 조직 전체가 흔들릴 수 있다는 점이다.

나는 '외유내강外柔內剛'이라는 말을 좋아한다. 외유내강한 사람은 겉으로는 유연하고 부드럽지만, 내적으로는 강인한 성격으로 문제 해결에서는 유연한 생각을, 행동에서는 의지력을 가지고 실천한다.

이 시대에 어떤 리더십이 가장 바람직한지 일반화하여 이야기할 수는 없다. 각자의 성격이 있고, 스타일이 있으며, 상황과 여건이 다르기 때문이다. 그러나 적어도 외유내강형 리더는 최소한 직원들과의 소통이 원활하고, 효율적인 내부 커뮤니케이션을 이룰 수 있을 것으로 믿는다.

리더란 왕관이 아닌 책임을 짊어지는 것

2005년 SBS에서 방영되었던 〈서동요〉라는 드라마가 있다. 백제 왕국 30대 임금인 무왕을 다룬 내용으로 무왕이 일본으로부터 갑옷도 뚫을 수 있는 단단한 검을 만들어줄 것을 의뢰받는 에피소드가 있다. 노력 끝에 쇠의 강도를 높여 단단한 검을 제작하지만, 갑옷이 찢어짐과 동시에 검도 부러지고 만다. 이 과제의

해법은 검의 앞부분은 강도를 높이고, 뒷부분은 유연하게 하여 검을 내려쳤을 때 생겨나는 충격을 뒷부분에서 흡수하도록 하는 것이다. 조직의 통합도 이 검과 유사다. 강하기만 하면 부딪히고, 부드럽기만 해도 문제는 발생한다.

유약어수柔弱於水, 상선약수上善若水, 외유내강外柔內剛, 이 세 가지 사자성어는 모두 부드러움을 말하지만, 그것이 약함을 의미하지 않다는 점을 강조한다. 피부에 닿으면 금세 녹는 부드러운 눈도 쌓이면 건물을 무너트릴 정도의 무게가 되고, 절대 깰 수 없는 물을 깨트릴 수 있는 것은 단단하게 얼었을 때다.

사람의 신체를 살펴보아도 그렇다. 몸을 지탱하는 것은 단단한 뼈지만, 관절의 충격을 흡수하고 뼈의 손상을 막는 것은 연골이 있기 때문이다. 부드러운 연골이 있기에 인간의 신체는 더없이 유연하고 민첩할 수 있다. 결국 강함을 이기는 것은 강한 것이 아니라 강함과 유연함이 조화를 이루었을 때이며, 강약을 조절할 수 있는 역량이야말로 리더의 능력이기도 하다.

경영의 달인 GE 잭 웰치Jack Welch는 "리더가 되었을 때 당신은 왕관을 받은 것이 아니라 다른 사람에게서 최고를 끌어낼 책임이 주어지는 것"이라고 했다. 지금 이 시대의 리더는 영향력을 바탕으로 구성원들에게 동기를 부여하고, 구성원들의 성장을 도우면서 자신의 성공도 도모해야 한다. 이해와 신뢰를 통해 권위를 쌓고, 구성원들이 일을 흥미롭게 할 수 있는 공동체를 만들어가야 한다. 참여와 협력을 통해서 문제를 해결해 나가고, 혁신을 도모하며, 비판적 사고와 책임감을 느껴야 한다.

지금과 같은 사회 환경에서는 강한 리더십보다 부드러운 리더십이 더 힘을 발휘할 수 있다. 그렇다고 결단이 물러도 된다는 것은 아니다. 비상 상황에서는 충분한 검토 후에 때를 놓치지 않고 적시에 결단하는 것이 반드시 필요하다. 부드러움 혹은 강함만이 중요한 것이 아니라 사안별로, 상황에 따라 강약을 잘 섞어 조직을 운영하는 리더십이 바람직할 것이다.

CEO에게 초보운전은
용납되지 않는다

리더십은 신분이나 지위를
누리는 것이 아니다.
리더십은 스스로 섬기고
봉사하는 것이다. *
- 동기부여 전문가, 사이먼 사이넥

모든 사람에게는 사회적 '역할'이 있다

나는 민간기업의 오너나 창업자가 아니다. 공기관의 임원으로 일했고, 운 좋게도 세 번의 공직을 맡을 기회가 있었다. 40대 후반에 문화체육관광부 산하 한국국제방송교류재단^{아리랑국제방송, 이하 아리랑TV}의 부사장, 한국방송광고공사^{현 한국방송광고진흥공사} 상임감사, 그리고 EBS 사장 등 언론 관련 기관에서 부사장, 감사 그리고 사장을 했다.

나는 공직에 임할 때면 항상 '역할극^{role playing**}'에서 현재의 직책을 맡은 것으로 생각한다. 회사에는 마케터, 디자이너, 영업사원, 회계, 팀장 등 다양한 개개인의 역할이 있다. 나 역시 다른 구성원들과 마찬가지로 임원이라는 '역할'을 맡았을 뿐이다. 역할은 회사를 옮길 때마다 달라질 수 있고, 그때마다 최선을 다해 내게 주어진 임무를 수행해야 한다고 생각한다. 이런 철학 때문에 항상 새로운 출발선에서 겸손한 마음으로 일을 시작할 수 있었다.

책임은 깔때기처럼 리더에게 향해 있다

리더의 자리는 항상 어렵다. 리더로서 결정을 내려야 할 때, 긍정적인 순간만 있는 것은 아니기 때문이다. 어떤 경우에는 리스크가 따르는 결정을 내려야 할 때도 있다. 결코 마음이 편하지 않지만, 회사를 위해, 조직을 위해 과감하게 결단해야 한다. 정보를 모으고, 주변 사람들에게 조언을 구할 수는 있지만, 결정을 내릴

---

* 《왜 함께 일하는가》, 사이먼 사이넥, 살림출판사(2017)
** 여러 사람이 각자 설정된 캐릭터를 연기하는 극.

때는 혼자다. 당연히 뒤따르는 결과도 혼자 책임져야 한다.

만약 CEO가 결단을 내리지 못하고, 우왕좌왕한다면 그 조직은 결코 성장하지 못할 것이다. 회의든, 책을 통해서든, 사내 임원 의견이든, 전문가 의견이든 여러 가지를 종합해서 고민한 뒤 결단을 내리면 그대로 조직을 끌고 나가야 한다.

주변 사람들은 어떤 의견을 내놓든 책임에서 자유롭다. 한마디로 책임면제다. 결과가 좋으면 "봐라, 내가 그렇게 말하지 않았느냐"라며 편승할 수도 있지만, 결과가 좋지 않을 때 그들은 책임과 아무런 상관이 없다. 결정을 내린 리더가 "네가 이렇게 말하지 않았느냐?"라며 따지거나 의견을 낸 사원을 해고할 수도 없다. 만약 그런 리더가 있다면 주변에서 말은 하지 않아도 신뢰할 수 없는 CEO라며 속으로 비웃을 것이다. 결국 결정에 대한 뒷감당은 오롯이 리더의 몫이다.

회사에서 임원들에게 독립된 공간을 주고, 비서를 통해 업무의 도움을 주고, 기사를 두어 이동을 도와주는 것은 결코 '대접'이 아니다. 주어진 임무를 효율적으로 수행하라는 일종의 주문이다. 임원들에게 좋은 환경, 편한 환경을 만들어주는 것은 권리나 특혜가 아니라 그만큼 조직을 위해 고민하고, 대외적인 협력을 충실히 하라는 무언의 명령이다. 사장실이 크고 호화롭다고 결코 좋은 것이 아니다. 그 넓은 공간에서 혼자 조직의 미래를 짊어지고 고민해야 하기 때문이다.

리더는 시험해 보라고 있는 자리가 아니다

2003년 방영했던 MBC 드라마 <대장금>에서 나인 한 명이 자신에게는 기회가 오지 않는다고 투덜거리자 한 상궁^{양미경} 분이 "기회가 있어야 공을 세우는 것

30

이 아니라 실력이 있으면 기회가 따르는 것"이라고 따끔하게 쏘아붙이는 장면이 있다. 또 다른 상궁이 "해본 사람만 시키는데, 우린 언제 경험을 쌓고 언제 시험을 해보냐"라며 반박한다. 그러자 "시험해 보라고 있는 것이 상감마마의 음식이더냐. 어찌 노력은 하지 않고 남을 깎아내리는 데 시간을 허비하냐"라며 야단친다.

많은 사람이 기회가 주어지기를 기다리지만, 기회가 온다고 해서 모두 성공할 수 있는 것은 아니다. 평소 꾸준히 공부하며 실력을 쌓다 보면 기회가 찾아올 수도 있겠지만, 스스로 기회를 만들 줄도 알아야 한다. 그런 의미에서 CEO는 시험해 보라고 있는 자리가 아니다. 초보운전이 용납되지 않는 것이다. 한때 유행했던 '이 산이 아닌가 봐*'라는 유머처럼 CEO의 초보운전은 조직의 혼란과 문제를 야기한다.

세상은 리더가 만들어질 때까지 기다려줄 만큼 마음이 넓지 않다. 물론 어떤 일이든 처음은 있는 법이고, CEO리더로서도 처음은 있다. CEO는 이 시행착오의 시간을 최소화해야 한다. 아무리 CEO가 처음이라고 해도 초보운전자처럼 실수하면 조직에 많은 부담을 줄 수밖에 없다.

《리더는 하루에 백번 싸운다》라는 책 제목처럼 리더는 수많은 갈등과 고민 속에서 지내야 하는 자리다. 따라서 CEO를 포함한 예비 CEO, 작은 리더들은 항상

---

* 수많은 군인을 이끌고 알프스산맥 정상에 도착한 나폴레옹이 말한다. "어? 이 산이 아닌가 봐."
눈바람을 맞으며 산에서 내려와 옆 산에 오른 나폴레옹이 다시 입을 연다. "어? 아까 그 산이 맞나 봐"
라는 내용의 오래된 유머.

전략적으로 사고하면서 조직의 기회와 위험을 식별하고, 변화된 환경에서 조직의 적응력을 키워나가며, 직면하는 다양한 문제들을 효과적으로 해결해 나갈 수 있는 역량을 갖춰야 한다. 끊임없이 자기 계발을 하고, 최신 정보를 얻으며, 리더십을 강화해 나가는 노력을 해야 한다.

완성된 CEO는 없다

나는 술을 마시지 못한다. 한국 남자라면 술 문화를 피해 갈 수 없어 술을 마시는 '척'하며 견뎌낸 적도 꽤 많다. 어느 순간부터 술을 권하지 않는 사회가 된 것을 보면 세상이 정말 많이 변했다는 것을 절실하게 느낀다.

리더라면 직원은 물론 주변 사람에게도 흥청망청하는 모습을 보여서는 안 된다. 어떤 이들은 함께 술을 마시고 어울리는 것이 조직의 화합에 도움이 된다고 여기는 듯하지만, 리더의 흐트러진 모습은 뒷말하기 좋은 여지를 줄 뿐이다. 아무리 수평적인 관계가 좋다고 하더라도 넘어서는 안 될 선은 분명히 있다. 그리고 그 선은 상대가 아닌, 내가 정하는 것이다. 리더가 조직원으로부터 무시당한다면 자신의 평소 행동이 어떠했는지를 돌아보아야 한다.

외부 술자리에서도 마찬가지다. 술이 들어가면 취하고, 취하면 하지 말아야 할 말을 할 수도 있다. 무심코 던진 리더의 말 한마디로 몇십 년을 쌓아온 기업의 이미지가 휘청일 수도 있다. 그러므로 리더는 술자리에서도 항상 긴장해야 한다.

현대 경영학의 아버지라고 불리는 피터 드러커Peter Ferdinand Drucker는 이렇게 말했다. "내가 함께 일했던 탁월한 리더들은 대부분 키도 크지 않고, 특별히 잘 생기지도 않았다. 연설도 대개 보통 수준으로 그다지 돋보이지 않으며, 똑똑한 머리나 달변으로 청중을 매료시키지도 못했다. 그들을 구별 짓는 것은 명료하고 설득력 있는 생각, 깊은 헌신, 끊임없이 배우려는 열린 마음이다."

1900년대에 활동했던 피터 드러커의 논리가 2020년대인 지금도 통한다는 것은 결국 리더의 본질은 과거와 달라진 것이 없다는 뜻이다. 인공지능이 제아무리 똑똑해도 리더의 판단을 대신할 수 없고, 책임을 대신 져주지 않는다. 지금 같은 시대에 완성된 CEO란 없다. 항상 무언가를 배우려고 안테나를 바짝 세우고 있는 CEO, 책이든 어린 사람에게든 배울 수 있다는 열린 마음을 가지고 있는 현재 진행형의 CEO만이 살아남을 수 있다.

사회의 변화보다
더 빨리 변해라

변화에서 가장 힘든 것은
새로운 것을 생각해 내는 것이 아니라
이전에 가지고 있던 틀에서
벗어나는 것이다.
- 영국의 경제학자, 존 메이너드 케인스

세상을 발칵 뒤집은 생성형 인공지능

2023년은 글로벌 기업이 여러모로 힘든 해였다. 글로벌 빅테크 기업인 구글, 페이스북, 아마존 등이 잇단 감원으로 대규모 구조 조정을 단행했다. 코로나19 팬데믹으로 흥했던 빅테크 기업들이 엔데믹으로 전환되고, 플랫폼 시장이 성숙 단계에 들어서면서 매출이 급감했기 때문이다. 달도 차면 기우는 것이 세상 이치이듯, 흥하는 것이 있으면 망하는 것이 있다. 기업도 마찬가지다. 뜻밖의 기회를 잡아 단숨에 성장하기도 하고, 리더의 잘못된 판단 하나로 나락으로 떨어지기도 한다.

2022년 11월 말 세계 최대 인공지능AI 연구소 오픈AIOpen AI가 내놓은 생성형 인공지능인 챗GPT로 세상이 발칵 뒤집혔다. 그동안 우리가 알고 있던 - 말을 알아듣지 못하고, 엉뚱한 답변을 하고, 답답하기까지 한 - 기존의 챗봇과는 전혀 다른, 그야말로 대화가 가능한, 게다가 똑똑하기까지 한 대화형 인공지능이 등장한 것이다.

챗GPT는 수많은 정보 중에서 질문한 이에게 유용한 정보를 알기 쉽게 바로 요약해 준다. 지금까지 접해 보지 못한 신세계다. 인공지능 비서라고 부를 만하다. 구글은 오픈AI보다 이른 2년 전 생성형 인공지능 개발에 성공했지만, 사내 회의를 통해 세상에 내놓지 않았다. 이유는 생성형 인공지능이 검색광고으로 먹고사는 구글이라는 회사 자체를 괴멸시킬 수 있다고 판단했기 때문이다.

기술은 지금보다 더 빠른 속도로 발전할 것이다

유럽연합EU은 세계 최초로의 인공지능 규제법을 마련하겠다며 서두르고 있고,*

언론은 금방이라도 인류가 망할 것처럼 떠들어댔다. 생명미래연구소의 맥스 테그마크Max Tegmark 소장은 챗GPT의 등장을 '자살 경쟁'이라고까지 표현했다. 그렇지만 과학자들은 여전히 인공지능을 연구하고, 서점에서는 챗GPT 사용법과 관련한 책을 팔고 있으며, 사람들은 거부감 없이 챗GPT로 업무를 보고 과제를 한다. 단 몇 개월 만에 세상을 떠들썩하게 했던 챗GPT마저 일상화가 되어버리고 말았다.

나는 챗GPT를 음식에 비유하자면 누구나 간편하게 먹을 수 있는 기내식 같은 것이라고 생각한다. 콩나물국밥이나 비빔밥처럼 제대로 만들어진 음식이 아니라, 개성 없는 범용 레시피대로 만들어진 음식이라는 의미다. 생각해 보면 자동으로 곡을 연주하는 피아노가 만들어진 지는 오래다. 기계식 피아노 연주는 흠잡을 곳 없이 매끄럽다. 하지만 사람들은 자동 피아노의 연주를 듣기 위해 돈을 지불하지 않는다. 연주자마다 다른 신선한 곡 해석, 기교, 연주자의 집중력과 열정, 퍼포먼스 등 무대에서 전해 오는 현장감의 전율을 느끼기 위해 기꺼이 지갑을 연다.

그림도 마찬가지다. 이미지 생성형 인공지능인 미드저니Midjourney의 이미지 품질이 실사를 넘어 예술 작품 수준으로 높아진 것을 보면 분명 인공지능의 발전은 눈에 띄게 달라질 것이다. 그렇지만 생성형 인공지능이 아무리 소설을 잘 쓰고, 그림을 멋지게 그린다고 해서 인간만이 지닌 고유의 재능, 인간이 느끼는

* 'EU, 챗GPT·미드저니 등 AI 도구 '세계 최초 규제' 입법 속도', 연합뉴스, 2023. 5. 11. 이 법에는 챗GPT나 미드저니 같은 생성형 AI를 별도 카테고리로 분류해 사용자에게 사람이 아닌 기계에 의해 작성된 것이라고 명확히 알리는 등 투명성 강화 조처가 포함되어 있다.

인식과 감동을 쉽사리 넘어설 수 있을지는 의문이다.

불과 2~3년 전 버추얼 휴먼virtual human, 가상 인간이 큰 인기를 끌었다. 로지 ROZY라는 가상 인간은 한 금융회사의 모델로 발탁되어 세간의 화제를 모으기도 했다. 그 금융회사는 최근 로지와의 계약을 해지하고, 다시 진짜 인간 모델을 고용했다. 기업이 버추얼 모델과 계약을 종료했다고 해서 가상 인간의 역할이 완전히 사라진 것은 아니다. 로지는 또 다른 기업과 계약을 맺고, 활동할 것이다. 우리나라의 경제활동인구가 줄면서 외국인 노동자가 유입되는 것처럼 가상 인간은 인간대로, 진짜 인간은 인간대로 역할과 의미가 있으며, 별개로 성장해 간다고 생각한다.

챗GPT 등장을 시작으로 인공지능이 사회 전반에 큰 변화를 가져올 것은 분명하다. 한번 물꼬를 튼 기술을 없던 일로 할 수는 없다. 기술은 앞으로 나아가기만 하지 역행한 적은 없었다. 결국은 지금까지 그래왔던 것처럼 글로벌 기업들은 앞서거니 뒤서거니 하며 더 좋은, 더 뛰어난, 더 똑똑한 인공지능을 개발하기 위해 경쟁할 것이다.

뇌과학자인 김대식 한국과학기술원KAIST 교수는 "과거 인공지능은 우리가 기대했던 것과 달리 아주 더뎠지만, 지금의 인공지능은 우리가 예상했던 것보다 훨씬 더 빨리 발전하고 있다"고 했다. 기술은 더 빨리 발전할 것이고, 사회는 더욱 복잡하게 변화할 것이다.

항상 하던 일을 하면 항상 얻던 것만 얻는다

리더는 새로운 기술 변화에 민감하게 반응하고 스스로 체험하여 조직의 새로운 비즈니스 모델과 기회가 어디에 있는지 면밀하게 살펴보고, 조직의 기술 변화에 대응하여 서비스를 선진화하고 새로운 이윤 창출의 가능성을 검토해 성장의 기회로 삼아야 한다. 즉, 리더 자신이 신기술의 조기 채택자*early adapter*가 되어야 한다. 스스로 얼리어댑터가 되어 조직과의 연계 가능성을 고찰하고 전문가들의 견해를 참고할 필요가 있다.

전문 분야와 상관없이 신기술을 이해하지 못하면 리더는 다른 사람을 리드할 수 있는 자격을 잃어버리게 된다. 그러므로 모든 리더들은 신기술에 대해 민감하게 반응하고, 이해하며 체험하려는 노력을 경주해야 한다. 리더들은 결재 시 문서에 나와 있지 않은 사항에 관해서도 질문하고 답할 수 있을 정도의 역량을 갖추어야 한다.

급격한 환경 변화에 무감각하고, 조여오는 위협을 감지하지 못하면 도태와 좌절만 남을 뿐이다. 당연한 말이지만, 리더라면 세상은 어떻게 변해가는지, 안테나를 곤두세우고 있어야 한다. 챗GPT든, 메타버스든 새로운 것이 등장하면 처음부터 잘 알고, 능수능란하게 다루는 사람은 없다. 모두에게 평등한, 똑같은 상황이다. 직원에게 시켜 보고서로 받아볼 수도 있지만, 직접 해보는 것과는 느낌이 전혀 다르다.

지인 중 한 분은 이체처럼 간단한 업무로 은행에 가서 30분, 1시간을 대기한다. 세상은 점점 편해지고 있는데, 바빠서, 귀찮아서, 자주 사용하는 게 아니라서, 나이가 들어서, 기계에 익숙하지 않아서 등등 핑계를 대며 예전과 달라진 것 없이 산다. 새로운 테크놀로지를 자꾸 익히고, 익숙해져야 하는데, 편안함에 안주해 버리고 만다.

비서를 두고 있는 CEO도 마찬가지다. 지시만 하면 해줄 사람이 있으니 지식으로는 알고 있어도 직접 해보지 않는 경우가 많다. 나이가 있는 CEO나 정년을 1~2년 남겨둔 임원 중에는 인터넷이나 모바일로 업무를 처리하는 데 익숙하지 않은 사람도 있다. 생성형 인공지능이 나왔다는 것은 알지만, 기사로나 보지 직접 해볼 생각은 하지 않는다.

나이 든 사람만의 문제가 아니다. 젊은 층에서도 세상 돌아가는 일이나 신기술에 관심 없는 사람이 의외로 많다. 수박 겉핥기식으로 한번 쓱 보고 말거나 내 인생과는 상관없는 일이라고 생각하고 그냥 지나치는 일이 많다. 그렇게 하나를 놓치면 그다음 단계에서 벌어지는 격차는 따라잡기 벅찰 정도로 커지고 만다. 솔직히 세상이 너무 빠르게 바뀌다 보니 따라잡기 힘들다는 것은 인정한다. 그럼에도 불구하고 노력을 게을리해서는 안 되는 것이 지금 세상이다.

브론토사우루스가 되어서는 안 된다

브론토사우루스Brontosaurus, 뇌룡는 몸길이가 21~22미터쯤 되고, 몸무게가 15~17톤에 달하는 거대 공룡이었다. 브론토사우루스가 위험을 감지하는 곳은 꼬리인데, 꼬리에서 뇌까지 정보가 전달되는 데까지 20초 이상 걸렸다고 한다. 이처럼 느린 반응 때문에 공룡 중 가장 먼저 멸종한 것이 브론토사우루스였다.

변화에 대한 대응은 지금 당장, 나부터 실천하지 않으면 안 된다. 특히 리더는 자신을 위해서가 아니라 조직을 위해서 해야 한다. 전문가가 될 것은 아니지만, 어떤 기술이 있고 원리가 어떻게 돌아가는지 정도는 대강 알고 있어야 한다. 리더가 신기술을 모르면 조직원에게 요구할 수 없고, 조직원이 사용하지 않아도 모르고, 엉터리로 해도 모른다.

리더가 변화와 신기술에 적극적으로 반응한다고 해도 조직이 굼뜨면 결국 그것이 브론토사우루스다. 기업이나 조직 차원에서도 신기술을 적극적으로 활용해서 혁신과 경쟁력을 확보해야 한다.

EBS에서도 인공지능, 빅데이터, 클라우드 서비스, 블록체인 기술, 가상현실과 증강현실 등에 관한 전문가 세미나를 수시로 개최하였고, 나도 최대한 참여하려고 노력했다. 인공지능이 대본을 쓰고, 프로그램에서 가상현실과 증강현실을 활용하여 콘텐츠를 제작하고, 원격교육을 위해 클라우드 서비스가 전제되고, 빅데이터를 기반으로 교육용 콘텐츠를 제작하며, 펭수의 하루를 블록체인 기술로 제작하는 등 방송과 신기술도 이미 뗄 수 없는 관계이다.

조직의 생산성과 효율성을 높이기 위해서는 신기술에 적극적으로 대응하여 새로운 비즈니스 모델을 개발하거나 재조정하여 조직의 경쟁력을 향상시켜야 한다. 그뿐만이 아니다. 조직 구성원들의 업무 처리 방식과 협업 방식을 획기적으로 변화시키고, 조직 내부의 업무 프로세스를 간소화할 수 있도록 시스템을 구축해 나가야 한다. 더 나아가 리더는 고객 대상의 서비스 부분에서도 혁신이 일어날 수 있도록 조직의 변화와 다이내믹을 지속적으로 추구해야 한다. 한마디로 리더와 조직원들이 한몸처럼 일사불란하게 움직여야 한다.

대화형 인공지능 서비스가 고도화되면 조직에 필요한 인재상이 변할 것이다. 챗GPT와 같은 대화형 인공지능을 활용하면 기존에 수십 명이 하던 작업을 한 사람이 할 수 있다. 과거 114를 생각해 보면 바로 알 수 있다. 전화 안내가 자동화되고 나서 눈 깜짝할 사이에 인력의 80퍼센트가 감원되었다. 관리 인력만 남겨두고 모두 해고된 것이다. 자칫 내가 속한 조직이 그렇게 될 수도 있다는 두려움을 가지고 있어야 한다.

1993년 7월 삼성그룹의 고故 이건희 회장이 오사카 연설에서 했던 일침이 생각난다.

"맨날 똑같은 밥 먹고, 똑같은 옷 입고, 똑같은 넥타이 매고 있으니 변화를 못 느끼지. 반도체가 어떻게 변해가고, 전 세계 일류기업의 기술이 어떻게 바뀌는지…."

'등에 진땀이 날 정도로 변화를 체감하라'는 이건희 회장의 말은 곱씹을수록 울림이 크다. 지금, 세상은 어떻게 변해가고 있는가. 그리고 우리는 그 변화에 어떻게 맞서고 있는가.

사람 보는 눈이
미래를 만드는 힘이다

사람을 알려면 그의 지갑과 쾌락,
그리고 불평을 보라.
- 탈무드

의자왕은 정말 방탕한 리더였나?

백제의 마지막 왕인 의자왕 하면 삼천궁녀, 동시에 방탕한 왕의 이미지를 떠올리는 사람이 많다. 백제의 수도인 사비성^{현 부여}이 함락되자 궁녀 3,000명이 낙화암으로 달려가 몸을 날렸다는 설화가 있다. 치맛자락을 뒤집어쓴 채 절벽에서 뛰어내리는 모습은 많은 이들의 상상력을 자극하겠지만, 조선 시대 궁녀가 최대 600명이었다고 하니 의자왕의 삼천궁녀는 과대포장이 좀 심한 편이다. 낙화암에 가본 사람은 알겠지만, 3,000명은 고사하고 100명도 서 있기 비좁다.

의자왕은 왕위에 오르기 전 '해동의 증자*'라고 불릴 정도로 효심과 우애가 깊었고, 즉위한 후에는 나라를 돌며 민심을 살필 줄 아는 왕이었다. 국방의 안전과 외교에도 신경 써 신라에 대한 견제를 늦추지 않았으며, 당나라와의 관계에도 민첩하게 대응하는 능력 있는 왕이었다. 이런 의자왕이 백제의 마지막 왕으로 남게 된 것은 그가 사람 보는 눈이 없는 리더였기 때문이 아닐까 한다.

의자왕은 나당연합군에게 기습 공격을 받아 사비성이 함락될 위기에 처하자 웅진성^{현 공주}의 왕실 측근으로 활동하던 예식진 장군에게로 갔다. 싸움에 승산이 없다고 판단한 예식진 장군은 의자왕을 끌고 가 나당연합군에게 항복해 버렸고, 그는 당나라 금위군의 대장군으로 승진해 승승장구한다. 당시 백제에는 흑치상지라는 장군이 있었는데, 그는 백제가 멸망한 후에도 3년간이나 끈질기게 백제의 부흥을 위해 싸웠다. 흑치상지 장군 역시 오랜 싸움 끝에 당나라에

---

* 해동은 바다 건너 동쪽에 있는 나라 백제를 뜻하고, 증자는 남달리 효심이 뛰어났던 공자의 제자 이름이다.

43

투항하긴 했지만, 만약 처음부터 의자왕이 예식진 장군이 아닌, 흑치상지 장군에게 몸을 의탁했다면 우리의 역사가 어떻게 바뀌었을지 알 수 없는 노릇이다.

사람 보는 눈은 관찰력에서 시작된다

리더에게 사람 보는 눈은 중요하다. 리더의 사람 보는 눈은 인재를 적재적소에 배치하는 능력으로 이어진다. 모든 일을 다 잘하는 사람은 없다. 전문성이 요구되는 요즘 시대에, 이것저것 조금씩 잘하는 팔방미인은 오히려 독이 될 수도 있다. 개인마다 특성이 다르고, 장단점이 있기 때문에 갑작스러운 상황에 대비해 예비 보직자들에 대해 역량을 파악해 두면 언젠가는 큰 도움이 된다.

EBS에서는 입시설명회를 자주 개최한다. 임명된 지 얼마 지나지 않아 부산에서 입시설명회가 있었다. 부장 한 명과 동행을 했는데, 그가 현장에서 보여준 잠재력과 역량에 대해서 놀라지 않을 수 없었다. 그는 의전에 과도하게 신경 쓰지 않으면서도 예의에 벗어나지 않았고, 현장의 일 처리가 깔끔하면서도 명쾌했다. 예의 주시하던 나는 그에게 좀 더 큰 직책을 맡겨도 될 것이라는 판단을 내렸다.

몇 달 뒤 그는 정책 기획 본부장으로 다시 나와 일하게 되었다. 역시 현장에서 본 것과 다르지 않게 일에 열정적이고 전문적인 경험을 바탕으로 성공적으로 임무를 수행하였다. 때로는 나에게 직언도 서슴지 않았고, 본인의 의견도 명확하게 얘기하였다. 그러나 그 기저에는 항상 조직을 생각하고, 사적 이해관계를 결부시키지 않아 내가 의견을 수렴하는 데 부담이 없었다. 그는 이사회에서 어떤 질문을 받아도 사전에 철저하게 준비된 상태라 아주 명확하고 분명하게 사안을 설명하여 이사들로부터도 많은 신뢰를 받았다.

광고사업부장이 교체될 때, 평소 눈여겨보았던 한 직원을 배치하였다. 그는 매사에 선제적으로 대응을 하고, 특히 상대의 마음을 살 수 있는 일을 진정성을 가지고 일하는 스타일이었다. 또한 돈의 흐름을 큰 틀에서 이해하는 특별한 능력을 갖추고 있었다. 부장으로 일하면서 내가 여러 광고계 전문가를 소개해 주었는데, 한 달도 지나지 않아 보통 아닌 부장이 나타났다는 말이 여러 루트를 통해 내게 들려왔다. 물론 광고는 프로그램과 직접적으로 연계되어 있지만, 그는 혁신적인 사업 아이디어로 지상파 광고의 구조적 어려움 속에서도 광고 매출 부분에서 선방하였다.

이처럼 사람 보는 눈이 있어서 인재를 적재적소에 배치하면 일의 효율성이 크게 좋아진다. 만약 정책 기획 본부장이나 부장의 장단점을 평소 제대로 파악하지 않고 그냥 당연한 듯 보고 넘겼다면 중요한 직책에 다른 사람이 앉았을 수도 있고, 일의 흐름이 순조롭게 풀리지 않았을 수도 있다. 의자왕처럼 믿었던 사람에게 뒤통수를 맞고 나서 "네가 그럴 줄 몰랐다"라며 뒤늦게 분통을 터트리는 것은 조직에 아무런 도움이 되지 않을 뿐 아니라 리더 스스로 내가 능력이 없다는 것을 인정하는 꼴이다.

물어도 준치 썩어도 생치

"팔징구징八徵九徵"이라는 말이 있다. 중국 고대 병서《육도六韜》와 도교 철학서 《장자莊子》에 나오는 말로 사람을 보는 눈을 키우는 중요한 기준이 된다고 생각한다. 《육도》에서 설명하는 여덟 가지 기준과 공자孔子의 말을 빌려《장자》에서 설명하는 아홉 가지 기준은 엇비슷하다.

"질문을 하여 상세한 지식을 살피고, 말로써 궁지에 몰아넣어 변화를 살피고, 주변 사람에게 물어 성실함을 살피고, 명백하고 단순한 질문으로 덕성을 살핀다. 재물을 다루게 하여 청렴함을 살피고, 여색으로 시험하여 정조를 살피고, 어려운 상황을 알려 주어 용기를 살피고, 술에 취하게 하여 태도를 살핀다."_《육도》

"군자는 사람을 쓸 때 먼 곳에 심부름을 시켜 충성을 보고, 가까이 두고 서서 공경을 보며, 번거로운 일을 시켜 재능을 보고, 뜻밖의 질문을 던져 지혜를 보며, 급한 약속을 하여 신용을 보고, 재물을 맡겨 어둠을 보며, 위급한 일을 알려 절개를 보고, 술에 취하게 하여 절도를 보며, 남녀를 섞여 있게 하여 이성에 대한 자세를 보아야 한다."_《장자》

리더는 사람의 성격을 알 수 있는 시간을 충분히 갖고, 평소 그 사람의 행동을 잘 '관찰'해야 한다. 사람을 판단하는 데 있어 그 기준이 성공과 실패일 필요는 없다. 그보다는 각각의 경험에서 무엇을 배우고, 어떤 의사 결정을 내리고, 어떻게 수정하고 행동했는지가 더 중요하다.

옛말에 "사람은 고쳐 쓰는 게 아니다"라는 말이 있다. 이는 '사람의 천성은 바뀌지 않는다'는 의미로 게으른 사람은 게으른 천성을 벗어나기 힘들고, 평소 거짓말로 어려운 상황을 무마하려는 사람은 위기에 닥쳐서도 그러한 천성을 버리지 못한다는 것을 뜻한다. 평소 일을 하다 스트레스를 받으면 사라져 버리는 사람은 중요한 상황에서도 그 버릇이 나올 수 있다. 막중한 임무를 받았을 때 열의를 불태우며 능력을 발휘하는 것이 아니라 압박감에 괴로워하다 회피해 버리고 마는 것이다. 회사의 사활이 걸린 미팅이나 프로젝트라면 눈앞이 아찔해지는 경우다. 지각하는 사람이 계속 지각하고, 마감을 어기는 사람이 계속 마감을 어긴다. "다시는 그러지 않겠습니다"라고 해도 개인이 가진 오랜 습성과 본성은 쉽게 변하지 않는다.

문제는 그들을 선별해 낼 수 있을 만큼 오랜 시간 관찰할 만한 여유가 리더에게는 없다는 것이다. 일반 보직에 있는 직원은 평소 보고를 통해 역량에 대한 평가가 가능하지만, 보직이 없는 사원의 역량을 리더가 파악하기란 쉽지 않다. 이런 경우, 공자孔子는 "먼저 그 사람이 행하는 바를 잘 보고 이에 그렇게 하는 까닭이나 이유를 잘 살피며 그 사람이 편안해하는 것을 꼼꼼히 들여다보라"고 말했다.

나는 사원들의 역량을 파악하기 위해 평소 식사를 자주 하는 편이다. 외국에서도 경력직을 스카우트할 때 최종 면접은 CEO나 임원들과의 식사일 경우가 많다. 준비된 면접 상태가 아닌, 일상의 자리에서 부담 없이 자연스럽게 이야기를 나누다 보면 개인의 장단점을 파악할 수 있는 좋은 기회를 포착할 수 있기 때문이다. 물론 대화는 일상적인 이야기와 더불어 일에 대한 태도와 가치관, 새로운 일에 대한 도전 의지와 위기 대응 능력을 파악할 수 있는 질문을 전략적으로 포함하고 있어야 한다.

"물어도 준치 썩어도 생치"라는 속담이 있다. 본래 좋고 훌륭하던 것은 비록 상했어도 어딘가 다른 법이라는 뜻으로 사물의 본질은 변하지 않음을 뜻한다.

어떤 사람인지 가늠하기 힘들거나 좀 더 깊이 파악하고 싶을 때는 식사를 몇 차례 하다 보면 더 많은 정보를 얻어낼 수 있다. 그렇게 대화하고 관찰하다 보면 상대에 대한 판단이 나름대로 선다.

사람을 판단하는 객관적 기준을 가져라

인재를 등용하는 데 있어 CEO가 주의해야 할 것이 있다. 내가 철칙처럼 지키는 두 가지가 있다. 첫째, CEO는 절대 사적 인연에 얽매여서는 안 된다. 학연, 지연같이 대학 후배니까, 제자니까, 동향이니까, 지인 소개니까 같은 인연에 집착하는 순간 제대로 된 일을 할 수 없다. 오로지 그 사람의 역량만을 보아야 한다.

나는 무례하다 싶을 정도로 저돌적이어도 능력이 있으면 그 사람에게 일을 맡긴다. 왜냐하면 그 사람은 사람에게 충성하는 것이 아니기 때문이다. 조직을 위해서 일하는 사람은 자신을 인정하고, 소통이 잘되는 사람을 만나면 원석에서 빛나는 다이아몬드가 될 수 있다. 겉으로는 거칠어 보여도 내면은 반대일 수 있다. 거친 척하는 사람도 상대가 마음을 열고 진정성을 가지고 소통하면 오히려 관계가 더 오래 지속되기도 한다.

둘째, 겉으로 보이는 것에 현혹되어서는 안 된다. 화려한 이력서, 외모, 지위뿐만 아니라 능력, 성격도 외적인 것에 포함된다. 의자왕은 예식진 장군이 가진 것, 웅진성의 전략적 위치와 지방군 숫자, 명성 등 겉으로 보이는 것만 생각했다. 예식진 장군의 인품, 극한의 상황에서 자신의 이익만을 챙기고 왕을 배신할 수 있는 인물이라는 점을 간과한 것이다.

사람 보는 눈이 어두운 사람은 사기도 잘 당한다. 겉으로 포장한 모습만 보고 쉽게 말려들기 때문이다. 이는 자기 마음속에 허영과 욕망이 있기 때문이기도 하다. 반대로 사람 보는 눈이 밝은 사람은 객관적인 기준으로 상대를 파악한다. 내게 잘해 주면 좋은 사람이고, 못 하면 나쁜 사람이라고 판단하지 않는다. 자신에 대한 믿음이 있어 남에게 휘둘리지 않기 때문이다.

공자孔子는 "모든 사람이 그를 좋아하더라도 반드시 살피고, 모든 사람이 그를 미워하더라도 반드시 살피라"고 했다. 이는 무슨 뜻인가. 평판에 좌우하지 말고, 눈에 보이지 않는 '본질'을 꿰뚫을 수 있어야 한다는 의미일 것이다.

사업본부장을 물색할 때였다. 평소 적임자로 점찍어 놓은 사람이 있어 면담을 했다. 승진을 기대하지 않았던지 오래전 가족과 계획해 놓은 유럽 여행이 있어 2주 동안 자리를 비워야 한다고 했다. 나는 잠깐 고민했다. 인사는 한꺼번에 해야 하는데, 한 사람만 2주 후에 낼 수 없었기 때문이었다. 곰곰이 생각해 보니 2주간의 부재보다 본부장으로 해나갈 시간이 훨씬 길었다. 일단 인사를 할 테니 휴가를 다녀와서 최선을 다해달라고 부탁하였다. 본부장 보직을 받고 해외여행을 떠났던 그는 책임감 때문에 결국 일주일 만에 조기 귀국하여 업무를 시작하였다. 그에게는 미안한 일이었지만, 그것을 보며 역시 나의 사람 보는 눈이 틀리지 않았음을 확신할 수 있었다. 그는 2년 반이 넘는 기간 동안 사업본부장을 하면서 역대 최대 규모의 실적을 냈고, 경영 정상화를 하는 데 많은 기여를 했다.

말이 아닌 태도와 행동을 보라

말은 포장하고 꾸밀 수 있지만, 행동은 다르다. 말보다 행동에 주목하고 관찰하면 상대의 가치관, 성격, 신념 등을 파악할 수 있다. 가령 어떤 일에 실패했다고 해서 그 사람을 무능력한 사람이라고 판단해서는 안 된다. 실패는 할 수 있다. 포인트는 실패한 상황에서 그 사람이 어떤 행동을 했는지, 더 나은 선택지는 없었는지 살펴보는 것이다.

어느 조직에서나 남들보다 존재를 드러내지 않고 묵묵히 일하는 사람들이 있다. 그들은 조직에서 겸손하게 자신을 내세우지 않다 보니 핵심 업무를 맡지도, 주목받지도 못해 자기의 진짜 역량을 발휘하지 못하는 경우가 있다. 그러나 생각이 건강하고 진정성이 있는 직원에게 일정한 직책을 맡기면 진가를 발휘하는 경우가 많다. 나는 그런 사람을 찾을 때는 먼저 그의 눈을 살펴본다. 눈망울을 통해 사람의 마음을 직접적으로 읽어낼 수는 없으나 어느 정도 상대의 감정 상태를 추측할 수 있다. 그 눈망울 속에서 선하고 편안한 느낌을 주는지 살핀다. 그리고 대화와 소통을 통해 그 사람의 잠재력을 종합적으로 판단한다.

나는 살아오면서 수많은 사람을 상대했다. 교수일 때도 수백 명의 학생을 상대했고, 아리랑TV 부사장, 한국방송광고진흥공사 상임감사, EBS 사장 때도 1,000여 명 내외의 직원을 상대했다. 이처럼 많은 사람을 대하다 보면 책에서는 결코 배울 수 없는 것을 알게 된다. 사람을 보는 최고의 훈련은 단연 경험이다.

직장에서 뼈를 묻는 시대는 유통 기한이 지났다

한 직장에 입사해 정년까지 일하는 것이 미덕일 때도 있었다. 그때는 면접에서 입사지원자들이 "이곳에 뼈를 묻겠습니다!"라며 소리치던 장면도 흔했고, 입사와 정년퇴직, 2줄만 쓰인 이력서를 자랑스러워하기도 했다.

우리나라 사람들이 한 직장에서 자신의 능력을 불태우던 시절, 미국은 우리와 정반대였다. 이력서 줄이 많으면 많을수록 인재일 가능성이 컸다. 이력서의 줄을 더 좋은 조건으로 이직한 횟수로 보기 때문이다. 이제 우리나라도 미국처럼 바뀌고 있다. 기술의 발전 속도가 빠르고, 그때마다 조직이 필요로 하는 인재상도 달라지고 있다.

구직자가 넘쳐난다고 하지만, 기업으로서는 인재를 뽑는 일이 쉽지 않다. 기성세대에게 회사는 평생직장이라는 개념이 강하고 회사를 위해 희생하는 것이 당연하지만, 지금 세대에게 직장은 도구에 지나지 않는다. 과거에 비해 소속감이 강하지 않고, 조건이 맞으면 이·전직을 훨씬 쉽게 생각하는 것이 사실이다. 따라서 새로운 핵심 인재를 수혈하여 조직에 활력을 불어넣는 것도, 인재를 키우는 것도, 그리고 이들을 지키는 일도 조직의 지속 발전을 위해 매우 중요한 일이다.

CEO들은 회사에 필요한 인재들을 지속적으로 확보하기 위해서 애사심에만 호소할 것이 아니라 그에 상응하는 대우와 승진 등을 통해 보상해야 한다. '세기의 경영자'라고 불리는 전 제너럴일렉트릭GE 회장 잭 웰치도 시간의 75퍼센트를 핵심 인재를 찾고, 배치하고, 보상하는 데 썼다고 할 정도다. 우리는 과연 인재를 찾는 데 얼마나 많은 시간을 투자하고 있는지 생각해 보아야 할 것이다.

통찰력 없는 리더는
경쟁자보다 무섭다

미래를 예측하는 가장 좋은 방법은
미래를 창조하는 것이다.
- 경영학자, 피터 드러커

최강의 조직은 어떻게 만들어지는가?

'히든 챔피언'이라는 개념은 독일의 경영학자 헤르만 지몬Hermann Simon이 1996년에 출판한 《히든 챔피언》이라는 책에서 처음 사용하면서부터 전 세계적으로 사용하기 시작했다. 그는 독일의 중소기업들을 조사하면서, 전 세계적으로 성장하고 있는 중소기업으로서 대중에게는 잘 알려지지 않았지만, 성과가 매우 우수한 기업들을 '히든 챔피언'이라 명명했다.

히든 챔피언의 조건은 첫째, 세계 시장 점유율이 세계 3위 이내 또는 해당 대륙에서 1위인 기업, 둘째는 매출액이 30억 달러 이내인 기업, 셋째는 대중적 인지도가 낮은 기업으로 이 세 가지 기준을 모두 충족시켜야 한다.

세계 강소기업인 히든 챔피언 2,800개 중 가장 많은 기업을 보유한 나라는 독일로 전체의 54퍼센트1,500개를 차지한다. 이 중 상당수는 대를 이어가며 사업을 하는 가업이다. 이 기업들의 특성을 살펴보면 특정 분야의 시장에서 탄탄한 전문적인 기술과 노하우를 보유하고 있고, 글로벌 트렌드에 민감하며, 문어발식 경영을 하지 않고 자사가 가진 핵심 역량에 집중하여 제품과 서비스를 개발한다. 또한 지속 발전을 위하여 새로운 기술과 아이디어를 도입하여 끊임없이 혁신함으로써 제품이나 서비스의 차별화를 도모하고, 고객 중심의 비즈니스 활동을 펼쳐나간다. 이 밖에도 자사의 성장과 발전을 위해 외부와의 전략적 파트너십을 구축하여 품질을 유지하고 향상시키기 위해 노력한다.

우리는 히든 챔피언이 될 수 없을까? 할 수 있다. 그들처럼 특정 전문 분야에 집중하면서 지속적인 연구 개발R&D과 혁신을 추구하고, 글로벌 시장을 개척하며 인공지능, 빅데이터, 증강현실, 클라우드 컴퓨팅 등 신기술을 과감하게 경영에 접목시키면서 나아가는 것이다. 그 과정에서 리더의 역할은 무엇보다 중요하다.

최강의 조직이 가진 특징

세계적인 최강의 조직은 몇 가지 특성이 있다. 우선 CEO가 시대의 흐름을 읽어내는 능력이 있다는 것이다. 테슬라는 전기자동차와 자율주행 자동차로 세계적 기업으로 도약하였으며, 넷플릭스는 인터넷 TV와 스트리밍 서비스를 제공하여 세계의 안방을 점하고 있고, 아마존은 세계적으로 온라인 시장을 선도하고 있다. 이외에도 공유경제 모델로 한 개의 호텔도 없이 세계적인 숙박 플랫폼이 된 에어비앤비 등이 시대적 요구에 부응하여 성공한 사례다. 국내에서도 쿠팡, 카카오, 요기요, 야놀자 등 수없이 많은 기업이 시대의 흐름에 올라타 성공한 조직들이다. 이는 대기업에 한정된 것만이 아니다. 직장인의 얇은 주머니와 혼술 문화에서 아이디어를 얻은 스탠딩 이자카야나 추억의 먹거리와 택배 문화를 활용해 임대료가 낮은 시골에 창업하는 한과 카페 등 작은 가게라도 시대의 흐름을 포착한 아이디어는 성공률이 높다.

다음으로 CEO가 뛰어난 리더십과 명확한 비전을 가지고 있다. 강력한 조직은 구성원들의 하모니를 통해 최고의 능력이 발휘되어야 하므로 구성원들의 잠재력을 끌어낼 수 있는 전략과 이를 효율적으로 수행할 수 있는 역량이 필요하다.

세계적인 기업은 팀워크가 강하다. 보통 팀워크라고 하면 몇 명의 사람이 모인 하나의 팀이 리더의 지시하에 일사불란하게 움직이며, 성과를 내는 것으로

54

생각한다. 그러나 구글의 실험에 따르면 그 결과는 우리의 상식에서 많이 벗어 난다. 지난 2012년 구글은 팀워크를 구축하는 방법을 찾고자 약 3년간 '아리스 토텔레스 프로젝트'를 진행했다. 연구에서 찾아낸 답은 '심리적 안정감'이었다. 심리적 안정감이란 말 그대로 팀 내에서 두려움을 느끼지 않음을 의미한다. 즉, 팀 내에서 실패한 모습, 멍청한 대답 등 약한 모습을 보여도 괜찮다고 느끼는 것 이다. 실제 애니메이션 픽사 스튜디오는 브레인트러스트Braintrust라는 문화를 정착시켰다. 브레인트러스트는 정기적으로 제작 중인 영화에 대한 감상평을 직 원들이 영화감독에게 전하는 시간으로 어떤 평을 내놓아도 된다. 〈토이 스토리〉 는 이 브레인트러스트를 통해 기록적인 흥행 성적을 거둘 수 있었다.

지금의 사회는 세분화, 전문화, 파절화되어 있다. 그렇다 보니 사업 대부분이 종으로 횡으로 여러 부서가 연계되어 있어 다양한 의견을 듣는 것이 매우 중요하 며, 집단 지성을 통한 결론이 훨씬 효율적인 경우가 많다. 그렇지만, 대부분의 조 직은 부서 이기주의로 인해 남의 일에 참견하지 않는 대신, 다른 부서에서도 본인 의 부서에 왈가왈부하는 것을 원천적으로 싫어한다. 따라서 조직 내 의사소통 칸 막이를 과감하게 해소하고, 반드시 위계에 따른 의견뿐만 아니라 보직자가 아닌 직원들의 의견도 가감 없이 들을 수 있는 사내 분위기를 조성해야 한다.

마지막으로 변화를 두려워하지 않는다. 사회의 변화 속도가 과거와는 비교도 되지 않을 정도로 빨라지고 있다. 따라서 사회 환경의 지배를 받는 조직들도 끊 임없이 변화해야 한다. 급격한 환경 변화에 무감각하고 조여오는 위험을 감지 하지 못하면 도태하는 것은 당연지사다.

통찰의 핵심은 경험과 관찰력, 사고의 훈련이다

우리는 시대의 변화에 촉각을 곤두세워도 그 속도를 따라가기가 버거운 현재에 살고 있다. 이러한 시기에 리더의 통찰력은 무엇보다 중요하다. 시대의 흐름을 어떻게 읽고 비전을 제시하느냐에 따라 조직의 미래는 완전히 뒤바뀔 수 있으며, 통찰력 없는 리더는 경쟁자보다 더 무서운 존재가 될 수 있다.

통찰력이 뛰어난 리더의 대표적인 예는 스티브 잡스^{Steve Jobs}다. 2001년 '주머니 속의 1,000곡'이라는 캐치프레이즈로 출시한 아이팟은 6년간 1억 대가 넘는 판매량을 보이며 승승장구했다. 당시 애플 총수익의 40퍼센트 이상을 아이팟이 벌어들이고 있었다. 그러나 스티브 잡스는 휴대전화가 디지털카메라 시장을 잠식해 나가는 것을 보며, 아이팟에서도 같은 운명을 느꼈다. 보통의 CEO였다면 과거의 카메라 회사들이 그랬듯이 휴대전화 회사가 넘볼 수 없는 더 좋은 성능의 아이팟을 만들기 위해 노력하다 실패의 길로 접어들었을 것이다. 그러나 스티브 잡스는 직접 휴대전화를 개발하겠다고 마음먹고, 결국은 전 세계인의 일상을 바꾸는 스마트폰을 개발하게 된다. 시대의 흐름을 제대로 읽고, 미래 변화에 대한 확신으로 과감한 의사 결정을 내렸기 때문이다.

세일즈맨의 성공 신화였던 모 그룹 회장은 일시적인 통찰력 부재로 사업에 실패한 사례다. 그는 건설업과 신재생에너지 사업에 진출했지만, 두 분야의 기회 속도를 잘못 판단한 덕분에 회사가 공중 분해되는 아픔을 겪어야 했다.

이처럼 통찰력은 오랜 경험과 관찰력, 사고의 훈련으로 단련된 의식적·무의식적 판단이 밑받침되어야 한다. 통찰력이 수반되지 않은 도전은 되돌리기 어려운 결과를 낳을 수도 있다.

질문은 숨은 미래 가치를 찾을 수 있게 한다

통찰은 '예리한 관찰력으로 사물을 꿰뚫어 보는 것'을 말한다. 즉, 관찰하는 것이다. 이때 관찰이란 그냥 지켜만 보는 것이 아니다. 이러한 현상이 내게, 회사에 궁극적으로 어떤 영향을 미칠 것인지 질문한다. 여기서 중요한 것은 지속적으로 관찰하고, 끊임없이 질문해야 한다는 것이다. 질문하는 습관은 생각을 집중하게 만들고, 집중하다 보면 현상의 본질을 깨닫게 되고, 문제의 핵심에 접근할 수 있게 된다. 또 통찰력을 기르기 위해서는 꾸준히 학습하고 정리해야 한다. 리더라면 신문이나 책을 읽는 노력은 누구나 한다. 그러나 지식은 쌓아둔다고 해서 활용할 수 있는 것이 아니다. 단편적인 정보를 체계적으로 정리하고, 그 속에서 유의미한 의미를 찾아내는 방법을 찾아야 한다.

통찰력이 뛰어난 리더들의 공통점이 한 가지 있다. 바로 산책이다. 그냥 바람 쐬며 머리 아픈 일을 털어내고자 하는 것이 아니다. 산책은 전략적 의사 결정에 필요한 큰 그림을 이해하고 정리하고자 하는, 사고의 통합 시간이며, 새로운 시각으로 현상을 바라보고, 현상의 본질적 의미를 성찰하고자 하는 몰입의 시간이다. 실제 걸으면 뇌가 활성화되어 집중력이 올라간다는 연구 결과도 있다. 우리가 초조하거나 아이디어를 떠올리기 위해 방안을 왔다갔다하는 것도 모두 같은 맥락에서 나온 행동들이다.

미국 포드자동차의 설립자인 헨리 포드Henry Ford가 자동차를 만들겠다고 했을 때 사람들은 백 명이 탈 수 있는 기차가 있는데 네 명밖에 탈 수 없는 차를 누가 사겠냐며 비웃었다고 한다. 하지만 누군가는 생각을 달리했다. 자동차의 미래 가치를 꿰뚫어 본 것이다. 그는 곧바로 마찻길에 주유소를 짓기 시작했다. 그가 바로 1900년대 초 미국 석유 시장의 90퍼센트를 장악한 존 록펠러John Davison Rockefeller이다. 놀랍도록 날카롭고 정확한 통찰력을 가지고 있던 록펠러는 전설적인 세기의 부자이기도 하다. 우리는 어떤가? 누군가의 말을 비웃고 있는가? 그 속에 숨은 미래 가치를 찾고 있는가?

"

대부분의 조직은 부서
이기주의로 인해 남의
일에 참견하지 않는 대신,
다른 부서에서도 본인의
부서에 왈가왈부하는 것을
원천적으로 싫어한다.
그러나 지금의 사회는 집단
지성을 통해 풀어야 할
문제가 훨씬 많다.

"

권력의 공유,
위기 없이는
기회도 없다

지금의 시대에 리더에게 필요한 것은
권력이 아닌, 권위다.
진정한 권위는 리더의 독단적인 권력 행사를
자제하게 만들고,
많은 이들에게 힘을 나누어준다.

뛰어난 리더는 모두의
지혜를 활용한다

실패하는 조직은 일반적으로
지나치게 관리되고, 덜 주도된다.
- 미국의 경영 석학, 워렌 베니스

시대와 세대의 간극을 조율하라

나는 '펭수 사장'이다. 내가 EBS 사장이라는 것은 몰라도 펭수 사장이라고 하면 알 만한 사람은 다 안다. 펭수가 인기를 끌면서 한때는 우스갯소리로 전 국민이 펭수를 알고, 펭수 팬의 대부분이 KMJ, 김명중을 안다고 할 정도였다. 펭수 에피소드에 자주 등장했던 나는 유명세를 탔고, 한국에서 방송사가 생긴 이래, 전 방송사를 통틀어 대중에게 가장 얼굴과 이름이 많이 알려진 방송사 사장이 아닌가 싶다.

펭수는 잘 알려져 있다시피 시청자들의 영상미디어 소비 형태가 근본적으로 변화하는 시기에 이슬예나 PD를 중심으로 젊은 제작진들이 의기투합하여 만든, 100퍼센트 EBS의 콘텐츠이자 캐릭터다. 펭수 론칭은 2019년 3월 초 내가 사장으로 취임하고 난 직후인 4월 중에 이루어졌다. 처음 펭수 기획안이 나왔을 때 직원들은 실패할 것이라고 했다. 특히 펭수 초기 단계에서 구독자들이 매우 느리게 증가하자 일부에서는 접어야 하는 것 아니냐는 회의론이 일기도 했다.

나는 펭수 기획안을 봤을 때 '뽀로로' 이후 또 하나의 성공 스토리를 쓸 가능성이 있다고 보았다. 교육 방송은 딱딱한 콘텐츠가 많다. 그런데 펭수는 권위적이지 않고, 가르치려고 하기보다 공감하는 모습이 돋보였다. 젊은 PD들의 도전이 성공할 가능성이 있다고 판단했다. 문화체육관광부의 한국콘텐츠대상 심사위원장으로 참여한 것을 비롯해 문화콘텐츠와 관련한 사업에 30년 가까이 참여하며 다양한 경험을 쌓다 보니 나름 캐릭터 트렌드를 이해할 기회가 많았다. 펭수는 성공할 가능성이 높은 캐릭터였다.

나는 전체 회의에서 펭수는 반드시 성공한다, 사장으로서 인적·물적 자원을 최대한 투입하겠다고 약속했다. 표면적으로는 펭수가 국민에게 즐거움과 희망을 줄 수 있도록 해보자고 이야기했지만, 마음속으로는 펭수를 세계적인 스타로 키워보고 싶은 욕심도 있었다. 그리고 중요한 조치를 단행했다. 그전까지 국장, 부장, 차장 등 많은 PD가 나서서 자발적으로 펭수 프로젝트를 지원해 주고 있었다. 그러나 나는 기존 PD들은 펭수 프로젝트에서 손을 떼게 했다. 그리고 펭수 콘텐츠에 대한 모든 권한과 책임을 20대였던 이슬예나 PD에게 맡기고, 팀원도 책임 PD가 독자적으로 구성토록 일임했다.

디지털 시대의 콘텐츠는 디지털 시대에 맞게, 디지털 네이티브 세대에게 맡겨야 한다고 생각했다. 여기에 자꾸 부장, 차장 등 선배 PD들이 지상파 문법으로 펭수 콘텐츠를 바라보면 성공할 확률이 떨어진다고 본 것이다.

리더가 설치면 될 일도 안 된다

리더는 일반 사원이 아니다. 사원일 때는 자기 일만 잘하면 되지만, 리더는 조직의 조화를 생각하고, 가치 창출을 고민해야 한다. 리더는 숲을 볼 줄 알아야 하고, 그와 동시에 나무도 살필 줄 알아야 한다.

일을 잘하는 사람일수록 리더가 된 후 자기 자리를 잘 찾지 못한다. 다른 사람의 일 처리가 조금만 미숙해 보여도 견디지 못하고 참견하거나 지적하기도 하고, 더 나아가서는 직접 일을 하려고 든다. 어떤 경우에는 CEO가 하나의 사안을 두고 사원과 네 말이 맞는지, 내 말이 맞는지 경쟁해 보자는 식의 태도를 취하기도 한다. 그래서는 구성원 누구도 리더 앞에서 솔직하게 자기 의견을 제시하지 못하고 리더가 하라는 대로 하는, 수동적인 자세로 일하게 된다. 리더가 자신이 최고라고 생각하는 순간, 그 조직은 위기에 처하게 되는 것이다.

EBS에서는 매달 이사회가 열린다. 이사회는 이사들이 질문을 하면 해당 부서장들이 답을 하는 방식으로 진행된다. 간혹 답을 하는 부서장보다 내가 더 명쾌하게 설명할 수 있는 사항이 있지만, 대부분은 참견하지 않고 듣기만 한다. 사장인 내게 하는 질문이 아닌 이상 침묵을 택한다. 내가 더 잘 안다고, 내가 더 잘 대답할 수 있다고 끼어들기 시작하면 해당 실무진인 부서장들의 의견을 정확히 들을 수 없기 때문이다. 사장이 직접 나서기보다는 해당 부서장들이 업무를 꿰뚫고, 열심히 준비하여 더 나은 답변을 할 수 있도록 유도하는 것이 리더가 해야 하는 역할이다.

"왕이 설치면 될 일도 안 된다."

제왕학의 창시자라 불리는 한비자韓非子가 왕에게 한 직언이다. 이 말이 의미하는 바는 명확하다. 리더는 이끌고 앞서 나가는 것이 아니라 구성원들이 앞으로 치고 나갈 수 있도록 밀어주고 뒤따르는 사람이라는 것이다. 리더는 일단 권한을 위임하면 상대를 믿고 기다릴 줄 알아야 한다. CEO가 기다리지 못하고, 자꾸 이것저것 간섭하고 통제하려 들면 담당자는 주도적으로 일을 처리하지 못한다. 권력은 나눌수록 커지고, 혼자 쥘수록 작아진다. 권력을 틀어쥐고 혼자 다 하려고 하면 어려운 일이 닥쳤을 때, "그동안 혼자 다 했으니 이 상황도 네가 책임져"라며 위기에 등을 돌려버리고 만다. 리더의 역할은 간섭이 아니라 담당자가 맡은 일을 제대로 할 수 있도록 환경을 만들어주는 것이다.

미국 역사상 유일무이한 4선 대통령인 프랭클린 루스벨트Franklin Roosevelt는 "훌륭한 리더는 자신이 바라는 일을 맡길 적임자를 고르는 감각이 있으며, 그들이 그 일을 하는 동안 간섭하지 않을 수 있는 자제력을 가진 사람"이라고 했다. 미국의 철강산업을 이끈 대부호 앤드류 카네기Andrew Carnegie도 "혼자 모든 일을 다 하려고 하거나 모든 공적을 혼자 다 차지하려는 사람은 위대한 리더가 될 수 없다"며 루스벨트와 같은 말을 했다.

리더의 핵심 역할은 직원 관리나 세부적인 일을 직접 하는 것이 아니다. 새로운 가치를 창조하고, 조직 구성원들이 자발적으로 성과를 창출하게 만드는 것이 리더의 주 임무다. 역설적으로 조직원이 이뤄낸 성과가 곧 리더의 성과이며, 회사 성장의 동력이 된다.

직원이 마음껏 놀 수 있는 놀이터를 마련하라

권한과 책임이 주어진 제작진은 교육 방송이라는 테두리에 갇혀 뛰어넘지 못하던 안전선을 깨고 펭수와 같은 재미있는 콘텐츠를 만들어 냈다. 나는 리더로서 제작의 자율성을 완벽하게 보장하여 직급에 따른 위계를 벗어나 젊은 제작진들이 집단 지성을 통해 최선을 찾아갈 수 있는 여건을 조성해 주었다.

내가 한 일은 유능한 젊은 리더들이 마음껏 창의력을 펼칠 수 있는 놀이터를 마련해 주고 응원한 것이 전부다. 일단 권력을 주고 난 이후 사장으로서 담당자에게 무한한 신뢰를 보냈을 뿐이다.

통치술에 관해 쓴 《한비자韓非子》의 제48편 8경을 보면 "하급의 군주는 자기의 능력을 모두 사용하고, 중급의 군주는 다른 사람의 능력을 모두 사용하고, 상급의 군주는 다른 사람의 지혜를 모두 사용한다"라는 문구가 나온다. 리더의 역할에 대한 핵심을 담아놓은 문구다.

하급의 리더는 모든 일에 나서 자기가 직접 일하려고 든다. 중급의 리더는 전 조직원을 활용해 성과를 높이는 데 목표를 둔다. 그러나 상급의 리더는 사람의 아이디어를 모으고 적은 인원으로 높은 성과를 내며 효율적으로 일할 줄 안다. 나는 하급의 리더인지, 중급의 리더인지, 상급의 리더인지 생각해 볼 일이다.

권력보다 권위,
영향력을 넓혀라

책임과 권위는 동전의 양면과 같다.
권위 없는 책임이란 있을 수 없으며
책임이 따르지 않는 권위도
있을 수 없다.

- 독일의 사회과학자, 막스 베버

꼰대는 권력 행사의 일종이다

지난 2019년 9월, 영국 공영 방송인 BBC 채널 중 하나인 BBC TWO가 오늘의 단어로 '꼰대KKONDAE'를 선정했다. BBC TWO 공식 페이스북 계정은 매일 하나의 단어를 선정해 올리는데, 그곳에 '이런 사람을 알고 있나요?'라는 내용과 함께 꼰대의 의미가 소개된 것이다. 영국의 경제 신문 《이코노미스트》도 2019년 5월 "한국어로 '거들먹거리는 노인'이라는 뜻"이라는 제목의 기사를 실으며 '꼰대'를 소개했다.

사전적 의미로 꼰대란 '늙은이 혹은 학생들 사이에서 선생님을 지칭하는 은어다. 지금의 꼰대는 일부 기성세대가 자기 경험을 일반화하여 젊은 사람에게 어떤 생각이나 행동 방식 따위를 일방적으로 강요하는 행위를 의미한다. 꼰대의 특성은 내가 하는 것은 무조건 옳고, 자신이 틀릴 수 있다는 것을 인정하지 않는다. 또 자기 생각을 다른 사람에게 강요하며, 자신에 대한 비판을 수용하지 못한다.

과거에는 나이나 연차를 매우 중요시했다. 기성세대들은 경직된 위계질서 속에서 사고하고, 경험하며, 배우며, 지혜를 쌓아왔다. '욕하면서 배운다'라는 말처럼 그렇게 오랜 세월을 보냈기에 워라밸, 소확행, 정시 퇴근 같은 문화가 이해되지 않고, 꼰대가 되었을 수도 있다.

꼰대를 회사에 적용하면 어떻게 될까? 조직에서 나이가 많다고, 직급이 높다고 자신보다 젊거나 직급이 낮은 직원들을 함부로 대하거나 의견을 무시하면 그것도 일종의 권력이 되어버린다. 미국의 제16대 대통령 에이브러햄 링컨Abraham Lincoln은 "거의 모든 사람은 역경에 맞설 수 있다. 그러나 만일 그 사람의 인성을 시험해 보고 싶다면 그에게 권력을 줘보아라"고 말했다. 결국 꼰대란 무의식 속 권력욕에 대한 표출일지도 모른다.

꼰대라는 단어가 유행하는 이유는 그만큼 우리 사회에 불합리한 일들이 일어나고 있다는 방증일 것이다. 물론 '젊은 꼰대'도 있으므로 꼰대라는 단어로 세대 간의 갈등을 일반화하기에는 무리가 뒤따른다.

분명한 것은 우리의 조직 문화가 수직적 위계질서를 아직 완전히 벗어나지 못했다는 점이다. 그럼에도 우리 사회는 과거의 권위주의적이고 수직적 사회에서 민주적이고 수평적인 사회로 빠르게 변하고 있다. 이런 시대에 조직원이 나를 따르지 않는다고 불평불만만 늘어놓을 수는 없다. 리더라면 시대가 바뀌는 것에 대해 불평하고, 아쉬움을 토로할 것이 아니라 변화를 수용하고, 변화의 길을 모색해야 한다. 그러므로 리더들은 꼰대가 되지 않기 위해 평소에 많은 노력을 기울여야 한다.

리더에게 필요한 것은 강요나 강압에 의한 '권력'이 아니라 구성원에게 인정받고 영향력을 끼칠 수 있는 '권위'다.

성공적인 리더십의 핵심은 권력이 아닌 영향력이다

권력은 힘이다. 우리 주변을 돌아보면 심심치 않게 권력 투쟁을 찾아볼 수 있다. 정치는 물론이고, 직장 내에서의 파워게임도 권력 투쟁이다. 단란한 가정 내에서도 권력은 존재하며, 친구들끼리의 알 수 없는 알력 싸움도 권력 코드로 보면 이해가 된다.

권력은 그 어떤 욕구보다도 강렬하며, 매력적이다. 권력에 의지해 욕구대로 일할 수 있기 때문이다. 많은 사람이 권력에 굶주려 있고, 권력에 심취해 더 큰 권력을 쥐고자 하는 것도 이러한 이유 때문일 것이다. 그러나 지금의 사회는 무조건적인 지시와 강압은 통용되지 않는다. 개개인의 협력과 참여를 통해 복잡한 문제를 해결하고 혁신해 나가야 한다.

나는 리더에게 권력이 아닌, 권위가 필요하다고 본다. 권위는 두 가지 뜻으로 사용된다. 같은 단어지만, '리더의 권위'와 '리더가 권위적'이라는 말에는 큰 차이가 있다. 앞의 권위는 '어떤 분야에서 사회적으로 인정을 받고 영향력을 끼칠 수 있는 위신'을 말하지만, 뒤의 권위는 '남을 지휘하거나 통솔하여 따르게 하려는 경향'을 의미한다. 물론 내가 강조하는 것은 전자의 선한 영향력을 의미하는 권위를 뜻하며, 권위적인 리더는 지양한다.

영화 〈라스트 캐슬〉로드 루리 감독, 2002에 등장하는 두 가지 유형의 리더가 좋은 예가 아닐까 한다. 최악의 군 교도소인 트루먼 교도소에 미국 군인들의 전설인 어윈로버트 레드포드 분 장군이 호송된다. 어윈은 자기 잘못은 아니었지만, 작전 실패로 죽은 군인들에 대한 책임을 지고자 교도소행을 택했다.

단 한 번의 실전 경험도 없는, 전쟁 유품 수집광인 교도소장 윈터제임스 갠돌피니 분는 전설인 어윈을 만난다는 것에 기뻐하지만, 곧 그에게 콤플렉스를 느끼고 핍박하기 시작한다. 윈터 소장은 자신이 가진 권력의 위력을 보여주기 위하여 점점 포악해지고, 어윈은 그만의 부드럽고 따뜻한 카리스마로 영향력을 점점 넓혀간다.

결국 죄수들이 인정하고 따르는 것은 권력을 쥔 윈터가 아니라 따뜻하면서도 엄중한 권위를 지닌 어윈이다. 윈터가 자신의 권력을 내세우려고 하면 할수록 죄수들의 반항은 더욱 심해질 뿐이고, 어원의 선한 영향력은 더욱 강하고 넓게 퍼진다.

권위 역시 진정성이 결여되면 영악한 기회주의자로 비칠 뿐이다. 내가 이렇게 행동하면 상대가 이렇게 반응할 것이라는 의도적인 사고에 의한 전략은 오래가지 못하고 들키고 만다. 권위란 인위적으로 만들어지는 것이 아니라 진정성과 인품에서 배어 나오는 향기와 같다.

업무의 효율성을 위한 판단이 우선되어야 한다

이어폰을 끼고 일하는 신입이 있다. 이 신입은 이어폰을 끼고 노래를 들으며 일하는 게 더 효율적이라고 한다. 요즘 이어폰은 '노이즈 캔슬링'이란 기능이 추가되어 음악이 더 잘 들리도록 주변 외부 소음을 줄여주기도 한다. 책상 2칸 정도 너머의 상사가 불러도 잘 들리지 않는다. 상사가 일할 때는 이어폰을 끼지 말라고 했지만, 신입사원은 이어폰을 끼지 않으면 안정이 되지 않고, 일이 손에 잡히지 않는다며 왜 이어폰 사용을 못 하게 하느냐고 항변했다. 쿠팡플레이의 〈SNL 코리아〉 코너의 한 장면이다. 이때 당신이라면 누구의 손을 들어줄 것인가? 상사인가, 신입사원인가?

누군가는 상사의 손을 들어줄 것이다. 직장에서는 이어폰을 끼고 일하면 안 된다고 할 것이다. 직장이란 언제 어디서 무슨 일이 생길지 모르기 때문에 항상 긴장한 상태에서 일해야 한다고 말이다. 누군가는 민폐 끼치지 않고 일만 잘하면 되지 무슨 상관이냐고 할 것이다. 내 의견은 후자 쪽이다.

근무 시간이라도 집중도를 높이고, 일을 효율적으로 할 수 있다면 이어폰을

낄 수 있다. 음악을 들으면서 시간을 흘려보내는 것도 아니고, 집중해서 일하기 위한 수단으로 활용하는 것이라면 굳이 말릴 이유가 없다. 직원을 부를 일이 있으면 가까이 가서 어깨를 두드리면 된다. 그러면 그 직원도 곧바로 이어폰을 빼고 "무슨 일입니까?"라고 물을 것이다. 만약 상사가 어깨를 두드리며 불렀는데도 무시한다면 이야기가 달라지겠지만, 그렇지 않다면 문제 될 것이 없다.

회사 내 규정이 있다면 규정 위반이므로 이것은 다른 차원의 문제다. 여기에서 포인트는 예의나 기본에 대한 것이 아니라 일의 능률이다. 이어폰이 안 된다고 하는 것은 정서적인 반감 때문에 생긴 반응이다. '감히 내가 부르는데 대답을 안 해?', '내게 반항해?'라는 식의 부정적 감정이 내재되어 있는 것이다.

직원은 휘파람에 반응하는 사냥개가 아니다. 바로 대답하지 않았다고 해서 마음에 들지 않는다고 할 수는 없다. 일의 효율성이 중요한 것이지, 상사의 부름에 답을 했느냐, 하지 않았느냐가 중요한 문제가 아니다. 결국 과거 권위주의를 완전히 없애지 못한, 본질을 호도한 결과라고 본다. 산란기의 연어는 물줄기를 거슬러 올라가 산란을 끝내고 지쳐서 죽는다. 시대의 변화에 역행하여 에너지를 소모하는 것은 본인에게 손해일 뿐이다.

변화에 적응하는 사람이 강한 것이다

사실 CEO는 회사 내에서 주로 접하는 사람이 중간 관리층이라 젊은 직원을 만날 기회가 많지 않다. 그러므로 요즘 세대들을 판단하고 정의를 내린다는 것은 자칫 우를 범할 수 있다. 그러나 인간 역사상 변하지 않는 하나의 사실이 있다. 나이의 많고 적음으로 세상을 바라보는 시각은 문제가 있다는 점이다.

MZ세대들과 일하기 어렵다는 사람들의 이야기를 종종 듣는다. 이들은 퇴근 후 부서 회식이 있어도 참석하지 않겠다고 당당하게 이야기하는 것을 이해하지 못한다. 극단적인 예이기는 하지만, 퇴근 이후 개인 시간을 빼앗아 간다며 소까지 제기한 사례가 있었던 것을 감안하면 이해하지 못할 일은 아니다. 그러나 MZ세대와 일하기 어렵다는 사람들은 군대와 같은 조직을 바라는 것은 아닌지 자기 자신을 돌아볼 필요가 있다. 30년 전에도 군대에 가면 "요즘 애들은 군기가 빠졌다"라는 말을 했다. 아마 지금도 똑같은 말을 하고 있을 것이다.

군대 이야기가 나왔으니 말이지만, 많은 사람이 "지금 군대는 군대도 아니다"라고 한다. 과거에 비해 편해졌다는 의미다. 기성세대들이 봤을 때 요즘 군대는 군대도 아니겠지만, 지금 현역 군인들은 그들대로 힘들고, 어렵고, 고민스럽다. 그 힘듦은 옛날에 군대를 다녀온 이들과 달라진 것이 없다. 물론 나이도 중요하고, 직급도 중요하다. 하지만 나이와 직급만 내세우는 것은 바람직하지 못하다.

세상이 변해가고 있다. 세상이 변했다는 것을 인정하지 않고, 계속 과거에 머물러 있으면서 젊은 사람들이 변할 생각이 없다며 나무라는 것은 그만해야 한다. 1700년경 수메르 점토판에도 "요즘 젊은 것들은 버릇이 없다"라고 씌어 있고, 철학자인 소크라테스도 "요즘 아이들은 버릇이 없다"라고 한 건 이미 널리 알려진 이야기다. 물론 모든 것을 다 허용해야 한다는 것은 아니다.

독일의 사회과학자 막스 베버Max Weber는 "윗사람이 위엄을 너무 세우면 아랫사람이 실력을 발휘하지 못하고, 위엄이 너무 없으면 아랫사람을 통솔하지 못한다"라고 했다. 권력과 권위 사이에서 얼마나 줄다리기를 잘하는지가 리더 역할의 관건이다.

지금은 중세 봉건주의 시대가 아니다. 세상은 환경에 의해 변하고, 트렌드도 변한다. 세상을 움직이는 힘이 바뀌고, 사람들의 라이프 스타일도 달라지고 있다. 그렇다면 리더부터 바뀌어야 한다. 나는 한 자리에 붙박이로 있으면서 젊은 사람들이 따라오지 않는다고 생각하는 그것이 진짜 꼰대라고 본다.

"가장 강한 종이나 가장 똑똑한 종이 살아남는 것이 아니라 변화에 가장 잘 적응하는 종이 살아남는다"라는 진화론의 창시자 찰스 다윈Charles Robert Darwin의 말은 수많은 경쟁자 틈바구니에서 살아가는 리더에게도 적용된다.

꼰대 되지 않는 법

젊은 세대들은 꼰대 짓을 아주 싫어한다. 오죽하면 꼰대 테스트 문항이 개발되고, 꼰대의 유형이나 특성이 정리된 글들이 인터넷상에 넘쳐날까. 경험에 의하면 꼰대 짓은 금하는 것이 좋다. 다음의 금기사항을 명심하고 자기 제어만 잘 해도 조직 문화 개선에 큰 도움이 될 것이다.

'라떼' 금지만큼 중요한 성공담 말하지 않기

대화의 시작을 "나 때는 말이야~"로 해서는 안 된다. 대화할 때마다 자신의 무용담을 늘어놓는 것도 금물이다. 더욱이 똑같은 무용담을 계속 반복해 몇 번씩 듣게 해서는 안 된다. 과거의 성공 사례를 자주 이야기하는 리더는 역으로 현재 직면한 문제에 대한 이해와 해결 방안에 대해서는 아는 것이 없다는 증표이기도 하다.

연설이 아닌 대화를 하라

조직의 리더란 이유로 회의나 대화 시에 자신의 말을 독점하는 것을 항상 조심해야 한다. 맛있는 점심을 먹자고 해놓고 혼자서 과거 무용담을 늘어놓아서는 곤란하다. 상대가 듣기는 하겠지만, 그들의 비난까지 피할 수는 없다. 항상 상대를 존중하여 대화를 독점하

PLUS TIP

지 않도록 유의해야 한다. 나는 상대도 기회만 마련해 주면 하고 싶은 얘기들이 많이 있다는 사실을 항상 떠올린다.

인맥을 자랑하지 마라

자신이 누구를 잘 알고 있다며 자랑해서는 안 된다. 진정한 능력자는 도움이 필요할 때 자신의 네트워크를 조용히 활용한다. 평소 자랑만 잔뜩 늘어놓다 정작 도움이 절실할 때 입을 닫아버리는 만큼 우습게 보이는 일도 없다.

긴급한 일이 아니면 시간 외 업무를 지시하지 마라

업무 외 시간에 일할 것을 요구해서는 안 된다. 조직에 큰 지장이 없는 데도 징검다리 휴일을 사용해서 긴 휴가를 간다고 불평하거나 상사가 퇴근하지도 않았는데 먼저 나갔다고 투덜대서는 안 된다.

지금은 시대가 변했다. 1년 내내 휴가 없이 일만 하는 것을 자랑스럽게 생각하던 때는 오래전에 지났다. 같은 이유로 불가피한 경우가 아님에도 불구하고 퇴근 무렵 갑자기 보고서 작성을 요구하거나 새로운 일거리를 주어서는 안 된다. 상사가 직원을 괴롭히는 것으로밖에 안 보인다.

장황한 스토리를 늘어놓지 마라

책을 읽었다거나 영화, 다큐멘터리 등을 보았다고 자랑하면서 장황하게 스토리를 풀어놓지 않도록 한다. 궁금해하지도 않을뿐더러, 궁금하면 당신보다 더 재미있게 이야기해줄 유튜버나 인플루언서들이 많다. 이미 상대가 읽었을 수도 있다.

감정을 컨트롤하라

감정 기복이 심한 것은 곤란하다. 자기 기분에 따라 업 앤 다운이 심해서는 안 된다. 리더는 자기감정을 잘 제어할 수 있어야 한다. 감정 표출은 전략적으로도 비생산적이다.

특권의식을 내려놓아라

누군가 문을 열어주어야 자동차를 타거나 과도한 조직 충성심을 강요하는 것도 피해야 한다. 지금은 수직적인 관계가 통하지 않는 시대다. 가능한 한 수평적인 관계를 이룰 수 있도록 눈높이를 맞춰야 한다.

나는 접견 시 세팅상 불가피한 경우를 제외하고는 상석에 앉지 않고 마주보고 앉는다. 익숙하지 않은 직원이 상석을 권하기도 하지만, 지금은 시대가 바뀌었다. CEO가 위고 직원은 아래라는 수직적인 사고는 더는 통용되지 않는다. 리더와 구성원은 서로 대등한 관계이며, 수평선에서 자유롭게 소통해야 한다. 마음만 그렇다고 할 것이 아니라 실제 행동으로 보여줄 줄 알아야 한다.

컴퓨터나 기본 문서 활용법은 익혀두자
간단한 문서 하나 작성하지 못해 누구에게 부탁해서는 안 된다. IT 시대에 가장 기본적인 한글 문서, 엑셀 파일도 못 다룬다는 것을 부끄럽게 생각해야 한다.

반말하지 마라
직원들과 대화 시 반말하지 않아야 한다. 나이가 많은 것은 자랑이 아니다. 가족 같아서라고도 변명하지 마라. 직원은 가족이 아니다. 벼는 익을수록 고개를 숙인다.

이 외에도 외모에 대해서 평하기, 회의에 늦게 참석하기, 구성원에게 오라 가라 하기, 항상 무게 잡고 인상 쓰고 다니기, 면담이나 회의 중에 오는 전화 다받기, 잘못하고도 사과하지 않기, 어딜 가서나 대접받으려고 하기, 상대가 요청하지 않았는데 조언하기, 가르치려 들기 등 리더들이 명심해야 할 일은 셀 수 없이 많다.

리더의 메시지는
분명해야 한다

말하는 것은 지식의 영역이고,
듣는 것은 지혜의 특권이다.
- 미국 대법관, 올리버 웬델 홈즈

모든 재앙은 입에서 나온다

석가모니의 가르침을 모은 경전인 《법구경法句經》에는 입은 몸을 치는 도끼이자 몸을 찌르는 칼날이라고 하며, 모든 재앙은 입에서 나온다고 하는 대목이 있다. '말 한마디에 천 냥 빚도 갚는다'는 옛말처럼 리더의 말 한마디는 죽어가는 조직을 살릴 수도 있고, 잘 나가는 조직을 송두리째 파괴할 수도 있다.

한번 뱉은 말은 주워 담을 수 없다. 그러므로 말은 신중해야 한다. 특히 리더의 말은 무게가 있어야 한다. 자주 말을 번복하거나 "내가 한 말은 그 뜻이 아니라"며 뒷말을 붙일수록 리더의 말은 가벼워지고, 신뢰받기 어렵고, 무시당하기 쉬워진다. 특히 공식 석상의 발표는 반드시 문서로 만들어서 진행해야 한다. 메시지가 머릿속에 있다고 해서, 연설에 자신이 있다고 해서 준비 없이 그냥 말하는 리더들을 종종 본다. 하지만 임기응변, 애드리브가 강하면 반드시 실수하게 되어 있다. 리더의 말은 개인이 아니라 회사의 신뢰, 존립이 걸린 문제다. 자신감에 넘쳐 있다가 돌이킬 수 없는 큰 문제가 생길 수 있다.

기업에 문제가 생기면 CEO가 나서서 사과하는 모습을 가끔 볼 수 있다. CEO가 나서서 사과하기까지 꽤 시일이 걸리는 경우도 있고, 기자회견을 열어 놓고 본질을 흐리며 말을 빙빙 돌리기도 한다. '죄송하다'가 아니라 '유감이다'라고 표현한다. 왜일까? CEO의 한마디로 회사의 운명이 좌우될 수 있기 때문이다.

2015년에 있었던 독일의 폭스바겐의 배기가스 배출량 조작 사건은 '디젤게이트'라고 불릴 정도로 전 세계적으로 커다란 파장을 몰고 왔다. 당시 최고책임자였던 마틴 빈터콘Martin Winterkorn은 사과 기자회견에서 "나는 내가 어떤 잘못을 저지른 것에 대해 인지하지 못하고 있다(내 위치에서 비리에 대한 어떤 것도 알고 있지 않다)"라며 책임 회피를 했으나 사건의 심각성이 드러나면서 결국 회사의 신뢰성과 이미지가 크게 훼손된 사례가 있다. 이후 이사회의 권고로 마틴 빈터콘은 폭스바겐 CEO직에서 해임되었고, 아우디 회장에서도 물러나게 되었다.

나 역시 EBS 사장 재임 시절에 비슷한 일이 있었다. 어린이 프로그램에 출연했던 외부 연기자가 10대 출연자에게 부적절한 동작과 적절하지 못한 발언을 해 사회적 이슈가 되었다. 실제 방송 프로그램에서 일어난 일이 아니라 제작 현장을 생중계하는 유튜브 콘텐츠였음에도 교육 방송에 대한 비난이 크게 일었었다. 일단 사실 여부와 관계없이 논란이 일어난 자체에 대해 사장 명의로 신속하게 사과문을 발표하고, 교육뉴스 시간에 시청자들에게 직접 사과의 메시지를 전하였다. 부적절한 행동이나 언어 사용을 자체적으로 당장 확인하는 것이 어려웠지만, 회사는 이 같은 문제가 대두된 것 자체에 대해 사과하고 어린이 프로그램에 대한 전반적인 청소년 보호 조치를 강화해 나갔다. 즉각적인 대응으로 들끓던 여론은 다소 잠잠해졌다.

CEO는 한 번밖에 사과하지 못한다

통상 조직에 대외적인 문제가 발생하면 적절하게 대응 조치를 취해야 한다. 문제 해결을 위해 가장 먼저 사건의 본질을 파악하고, 이로 인해 야기될 수 있는 파장을 분석한다. 이때 너무 성급하게 판단하면 잘못을 저지를 수 있으니 빠르게 파악하되, 면밀하게 조사해야 한다. 사건의 진상을 객관적으로 파악하는 데 시간이 소요되거나 한계가 있으면 성급하게 결론 내리는 것을 삼가야 한다. 또 조직 내외의 이해관계자들과 발생한 사안에 대해 투명하게 소통하고 조직 차원의 대응 방안을 마련해서 피해를 최소화하고 실추된 이미지를 회복할 수 있게 다양한 의견을 수렴해야 한다. 만일 사안이 조직 차원에서 설명이 필요하거나 책임을 져야 할 때는 적시에 책임 있는 자의 진정성 있는 사과가 뒤따라야 한다.

문제 발생 후 앞뒤 재지 않고 무턱대고 CEO가 나서서 사과부터 했는데, 이후 기업 측 잘못이 아닌 것으로 밝혀지면 다시 대중 앞에 나서서 "우리 잘못이 아니오"라며 무를 것인가? 책임지지 못할 말을 하고서 나 몰라라 할 것인가? 상황에 진척이 있을 때마다 CEO가 직접 나서서 브리핑할 것인가? 만약 CEO가 나서서 사과했는데, 일주일이 지나도 진정되지 않는다고 해서 다시 CEO가 등장해 사과할 수 있는가? 물론 그럴 수도 있다. 하지만 CEO의 메시지는 한 번일 때 가장 무게가 있고, 신뢰감이 간다. 그러므로 사전에 충분히 판단하고, 어느 시점이 좋은지, 어떤 통로를 통해서 사과할 것인지 고민하는 것이다.

타이밍은 잡기도 어렵고, 놓치기도 쉽다

2008년 GS칼텍스 자회사의 한 직원이 1,000만 명이 넘는 고객 정보를 유출시킨 사건이 있었다. 이와 관련된 보도가 일제히 오전에 나왔고, GS칼텍스는 여론과 소비자의 혹독한 매를 맞아야 했다. 그날 오후 GS칼텍스 사장이 직접 나서 긴급 기자회견을 열었다. 이 회사의 빠른 대응은 적절했으며, 이후 기업의 사고 발생 후 대처 타이밍의 좋은 성공적 사례로 회자되고 있다.

2022년 10월 파리크라상이 100퍼센트 지분을 가지고 있는 SPC그룹 계열사인 SPL 평택 제빵공장에서 직원 한 명이 기계에 몸이 끼어 사망한 사건이 일어났다. SPC그룹 회장은 사고가 발생하고 일주일이나 지나서야 사과했고, 뒷북 사과라는 뭇매를 맞았다. 같은 달 SPC그룹은 제빵 시장 독점 논란에는 기민하게 대응해 적극적으로 해명하면서 또 한 번의 입방아에 올랐다. 인명 사고에는 늑장 대응을 하고, 자사에 이익이 되는 사안에만 민첩하게 반응했기 때문이다.

그렇다면 과연 CEO의 사과는 대외적으로 어느 때가 가장 적절할까? 통상 소속된 조직의 잘못된 정책이나 행위로 인해 사회적 파장이 일거나 고객들이나 이해관계자들이 조직적인 불만을 제기했을 때이다. 조직의 실수로 인해 사회적 문제를 직간접적으로 일으키거나 타인에게 손해를 입혔을 경우, CEO로서 사과 타이밍을 잘 잡는 것은 매우 중요하다. 신뢰를 회복하고, 지속 가능한 조직으로 거듭날 수 있는지 여부가 결정되기 때문이다. 간혹 사람들이 빨리 잊거나 다른 일에 묻혀 조용히 지나가길 바라며 사과하지 않는 CEO들도 있지만, 이는 바람직하지 않다. 오히려 역풍을 맞을 수 있다. 2007년 삼성중공업은 서해 태안반도 기름 유출 사고가 발생했을 때 침묵으로 책임을 회피하다 47일이 지나서야 일간지를 통한 사과 공개문을 실어 국민들의 공분을 샀다. 초기 진압에 실패한 경우로 위기에 제대로 대처하지 못한 사례로 꼽힌다.

사과의 시점은 사건의 내용에 따라, 사안의 크기에 따라 다르기 때문에 언제라고 콕 찍어서 말하기는 어렵다. 따라서 CEO라면 어느 시점에 등장해서 사과해야 가장 리스크가 적은지 타이밍을 파악하는 게 중요하다. 경험상 너무 늦은 사과보다는 차라리 빠른 것처럼 보이는 사과가 더 나은 경우가 많았다.

말속에 오해의 씨앗을 심지 마라

요즘 세태를 잘 반영한 신문 기사를 보았다. 평소 직원들에게 피자를 자주 사는 사장이 외근이 잦아 피자를 먹지 못하는 직원을 위해 통 크게 피자를 한턱냈다. 사장은 "퇴근하면서 포장해 가거나 점심때 먹어라. 한 판만 시키지 말고 더 시켜도 된다"고 알렸다. 직원 두 명은 각각 피자를 8판씩 포장해 갔다고 한다.*
야속하기도 하고 서운하기도 했던 사장이 커뮤니티에 글을 올리면서 기사화가 된 것이다. 그 기사의 댓글에는 직원이 개념이 없다, 그런 직원 때문에 요즘 세대들이 욕을 먹는다, 양심도 없다 등등 직원을 비난하는 글이 대다수 올라왔다.

정말 직원이 무개념이고, 양심이 없는 것일까. 나는 그 사장의 메시지에 문제가 있었다고 본다. 사장은 자신이 소심한 성격으로 비칠까 봐 통 크게 한 판 '더' 시켜도 된다고 했다. 직원은 일곱 판 '더' 시켰다. 똑같은 '더'이지만, 각자의 입장에서 숫자만 달라졌을 뿐이다.

말은 메시지를 전하는 도구다. 리더의 메시지가 일관성이 없거나 분명하지 못한 것은 소통에 커다란 장애가 된다. 리더는 오해가 생기지 않도록 메시지를 분명하게 해야 한다. 대충 이렇게 이야기하면 알아들을 것으로 생각하는 것은 착각이다. 분명하지 못한 태도와 말이 오해를 만들어내고, 갈등을 조장한다. 만약 그 사장이 "피자 2판 혹은 3판까지 허용한다"고 했으면 사장이 서운할 것도, 직원이 비난받을 이유도 없다. 직원에게 서운해할 것이 아니라 본인의 메시지가 불분명해 직원을 나쁜 사람으로 만든 것에 대해 반성해야 할 것이다.

이런 일은 비일비재하다. 중요한 클라이언트와의 미팅에 가는 직원에게 법인카

---

* '피자 쏜다는 사장님 호의에…둘이서 16판 포장해 간 직원들', 농민신문, 2023. 4. 17.

드를 건네며 "적당히 쓰세요"라고 한다. 직원은 '적당히' 80만 원을 쓰고 왔다. 사장이 생각하는 적당한 선은 30만 원이었지만, 직원이 생각한 적당한 금액은 100만 원이었고, 20만 원이나 적게 썼으니 칭찬받을 일이라고 생각한 것이다. 야근한 다음 날 혹은 회식한 다음 날 "알아서 출근하세요"라고 해놓고, 정오에 출근했다고 나무라는 것과 똑같다. 사장은 '평소보다 늦은 10시면 출근하겠지'라고 생각하지만, 직원은 정오도 빠르다고 생각한다. 사장은 '이 정도 선은 지켜주겠지'라고, 상대방은 '이 정도쯤은 허용해 주겠지'라고 생각한다.

'정도'는 애매한 것이 아니라 기준이 아예 없는 것과 같다. 기준이 명확하지 않으면, 오해와 갈등의 씨앗이 될 뿐이다. 한국말은 중의적 해석이 가능하다. 그래서 더 주의해야 한다. 알아서 먹으라고 해서 알아서 먹었는데, 잘못했다고 따지는 것은 알아서 먹으라고 한 사람이 문제다. 피자 한 판으로도 의견이 갈리며 해석이 분분한데, 비즈니스 차원이라면 어떻게 될까? 기업의 생존이 걸린 문제가 될 수 있다.

리더의 말은 성장의 대화여야 한다

부원들과 갈등을 일으키는 팀장이나 부서장에게 자주 하는 말이 있다. "지금부터는 당신이 리더다. 당신은 지금까지 자기 일만 잘해왔으면 됐지만, 이제부터는 부서 내의 조화를 생각해야 한다. 다른 사람의 이야기도 듣고, 내 말만 옳다고 주장해서는 안 된다. 지금부터는 때려죽이고 싶다고 말하고 싶어도 대단히 유감이다라고 표현할 줄 알아야 하고, 나는 당신이 정말 밉다고 표현하고 싶어도, 나는 당신을 덜 사랑한다고 표현할 줄 알아야 한다"라고 조언한다. 리더의 말은 개인의 품위를 나타내는 것이기도 하지만, 괜한 오해와 갈등을 만들지 않고, 회사의 성과와도 직결된다.

마음을 얻는 일은 정말 어렵다. 몇몇 되지 않는 혈연공동체인 가족의 마음을 사는 것도 여간 힘든 일이 아니다. 이해관계가 부딪히면 가족도 질투와 반목의 대상이 될 수 있다. 하물며 거대한 이익공동체인 조직에서 구성원의 마음을 얻기가 어찌 쉬울까. 어쩌면 직장에서 조직원의 마음을 얻겠다는 생각 자체가 어리석은 일일 수 있다. 그러나 조직원들이 의지를 모아 이끌어야 하는 리더의 역할을 생각했을 때 구성원들의 마음을 헤아리고 보살필 필요는 분명히 있다.

간혹 해서는 안 되는 실언을 하고서는 실수라며 얼버무리는 경우가 있다. 엄밀히 따지자면 말실수란 없다. 마음속에 있던 생각이나 자질이 무의식중에 드러나는 것일 뿐이다. 말실수가 자기를 비추는 거울이라고 생각한다면 아무 생각 없이, 되는대로 말하기 쉽지 않다. 시진핑은 말실수를 하지 않으려고 아침마다 자신이 할 말을 정리했다고 한다.

리더의 영향력은 기술이 아니라 존재감에서 비롯된다. 존재감을 만드는 여러 요인 중 가장 쉬우면서도 어려운 것이 말이다. 말을 가볍게 하는 이는 존경받을 수 없다. 리더와의 대화는 그냥 대화가 아니라 '성장'의 대화가 되어야 한다. 성장의 대화가 되지 않는다면 차라리 말을 아끼는 편이 낫다. 말한 것을 후회한 적은 있어도 침묵한 것을 후회하는 일은 거의 없다. 말이란 삼갈수록 더 빛나는 법이다.

해야만 한다 vs.
해내고야 말겠다

사명은 내부에서
의무는 외부에서 온다.
- 로마의 16대 황제, 마르쿠스 아우렐리우스

수렁에서 빠져나오려면 올라서야 한다

잔잔한 수영장에서 처음 수영하는 사람은 뒤따르는 사람보다 더 힘들다. 물길을 가르며 나아가야 하기 때문에 저항이 큰 탓이다. 뒤따르는 사람은 앞사람이 내놓은 길을 따라 나아가므로 첫 주자보다는 훨씬 덜 힘들다. 과거와 달리 요즘 글로벌 기업에는 퍼스트 무버first mover보다 패스트 팔로워fast follower가 많다. 기술의 변화가 급격하다 보니 앞선 기업의 개선점을 찾아 보완한 것이 주효했다. 그러나 최근에는 저성장의 수렁에서 헤어나려면 패스트 팔로워에서 퍼스트 무버로 한 단계 올라서야 한다는 주장도 나오고 있다. 퍼스트 무버가 힘든 것은 선례가 없기 때문이다. 누구도 가보지 않은 길을 개척한다는 것은 길이 나 있지 않은 산을 오르는 것과 같다.

EBS 취임 후 얼마 지나지 않아 코로나19 팬데믹 상황이 발생하며, 방송사도 큰 혼란에 빠졌다. 코로나19는 전대미문의 사건이었다. 그전에도 사스·메르스 같은 감염병이 있었지만, 극히 일부에 해당하는 이야기로 일반인들이 일상생활을 하는 데는 큰 지장이 없었다. 지금까지 우리가 경험한 것에 비추면 조직에서 이처럼 감염병이 광범위하게 확산된 것은 코로나19가 유일했다. 초유의 팬데믹에 대해 누구도 이 사회적 재난이 어떤 식으로 전개될지 짐작하지 못했다.

사장으로 재임한 지 1년도 채 지나지 않아 벌어진 상황에, 눈앞에 떨어진 문제만으로도 숨 쉴 틈 없이 일해야 하던 때였다. 그런 긴박한 상황에 EBS는 또 하나의 커다란 과제를 떠안게 되었다. 코로나19로 인해 학교 개학이 연기되는 초유의 상황에서 EBS가 전국 중고등학생을 대상으로 원격교육을 맡게 된 것이다.

퇴로 없는 길에서는 전진할 수밖에 없다

교육부에서 EBS로 연락이 왔다. 대구·경북 지역에서 코로나19가 확산되고 있으니 EBS가 이 지역의 고등학교 3학년을 대상으로 원격교육 서비스를 해 주면 좋겠다는 요청이었다. 그런데 EBS는 교육 방송사로 제대로 된 원격교육 시스템을 갖추고 있지 않았다. 당시에는 EBS뿐만 아니라 초중고등학교, 대학, 학원도 원격교육 시스템을 제대로 갖춘 곳이 없었다. 당시 EBS가 온라인으로 수용할 수 있는 인원은 매우 제한적이었다. 소프트웨어 교육을 위한 클라우드 기반의 플랫폼인 이숍ESOF이 EBS의 유일한 원격교육 시스템으로 동시 접속자가 2,000명 정도밖에 되지 않았다. 현실적으로 불가능했다.

고민 끝에 그 정도면 도전해 보겠다는 의지를 밝혔다. 거절할 수도 있었지만, 국가적 위기 상황에서 교육 방송인 EBS가 힘든 일을 회피해서는 곤란하다는 판단이 들었기 때문이다. 그런데 얼마 지나지 않아 대구·경북 지역 고등학생 전체를 수용해야 한다고 하더니 급기야 전국의 중고등학생을 대상으로 원격교육을 해야 한다고 했다. 코로나19가 전국적으로 확산되면서 전국의 중고등학생 300만 명을 한꺼번에 커버해야만 되는 불가피한 상황에 직면하게 된 것이다.

대구·경북 지역 고등학교 3학년과 전국 중고등학생 전체의 원격교육은 그 사이즈부터가 완전히 다르다. EBS에서 수용할 수 있는 인원은 2,000명에 불과한데, 거대한 플랫폼을, 그것도 3주 만에 300만 명을 수용할 수 있는 시스템으로 만들어야 했다. 기존 플랫폼을 1,500배 확장해야 가능한 일이었다. 백척간두에서 돛단배를 가지고 군함을 만들어야만 하는 상황이 된 것이다. 그때는 이미 발을 뺄 수가 없는 상황이었고, EBS가 아니면 대안이 없었다. 무모했지만, 퇴로가 없는 도전의 시작이었다.

정부에서도 이런 어려움을 잘 알고 있었기 때문에 교육부, 과학기술정보통신부, 방송통신위원회의 수장들과 차관들이 여러 차례 EBS를 방문하여 준비 상황 점검과 애로 사항을 듣고, 적극적인 지원을 해줬다. 물론 이 같은 범정부 차원의 지원이 없었다면 불가능한 사업이었다. 그러나 정부가 인적·물적 지원을 아끼지 않았던 만큼 밀려오는 압박감도 상당했다.

성과를 내는 사람들의 공통점은 사명감이다

300만 명이 동시 접속할 수 있는 원격교육 시스템을 3주 만에 구축하는 것은 평소 같으면 시도하지도 않고, 가능하지도 않은 일이었다. 그러나 EBS는 그 일을 해냈다. 수단과 방법을 가리지 않고 거대한 시스템을 만들어 내야만 했고, 결국 성공했다. 그렇게 할 수 있었던 데는 이 일을 해내야 한다는 사명감이 있었기 때문이다.

우리나라는 전쟁 중에도 학교 수업을 이어 나간 전통을 가진 국가다. 유아·어린이, 초중고교 등 모든 원·학교들이 개원과 개학일을 연기한 것은 대한민국 교육 역사상 초유의 일이었다. 힘든 상황이었지만, 어떠한 상황에서도 EBS가 고수했던 대원칙은 '교육은 멈출 수 없다'는 것이었다. 학교 교육을 보완하는 것은 공영 교육 방송 EBS에 부여된 사명이었다.

의무는 내게 주어진 '구속'이지만, 사명은 내게 맡겨진 '임무'다. 의무는 어쩔 수 없이 해야만 하는 것이지만, 사명은 나와 타인을 드높이기 위해 하는 자발적인 행동이다. 사명이라는 단어 자체에 내가 아닌 타인이 포함되어 있다. 일은 돈을 벌게 하지만, 더 중요한 것은 일을 통해 나를 비롯한 타인이 성장하는 것이다.

뛰어난 성과를 내는 사람들은 '해야만 한다'는 의무가 아닌, '해내고야 말겠다'는 절대적인 사명감을 가지고 일한다. 당시 나는 '만일 이 시스템 구축과 운영이 실패한다면 바로 책임을 지고 자리에서 내려오겠다'는 각오로 임했다. 좁게는 사장의 책임감이고, 거창하게 이야기한다면 사명, 애국심이었다.

나는 결코 물러설 수 없는 배수의 진을 치고 일에 전념했다. 그런 마음가짐이 출퇴근 없이 일에 매달리게 했다. 그만큼 절박했고, 또 반드시 이 프로젝트가 성공하기를 바랐다. 만약 이런 배수의 진 없이 일을 진행했다면 온라인 클래스는 실패했을지도 모른다.

가끔은 굴복하면서, 대부분은 위기를 극복하며 나아간다

2020년 한 해 동안 EBS는 대통령상을 4개나 받았다. 이 중 2개가 원격교육과 관련된 것이었다. 온라인 클래스로 과학기술정보통신부에서 대한민국 인터넷 대상을, 교육부에서 원격교육 유공 표창을 받았다. 이것은 코로나19 팬데믹 상황에서 대한민국의 교육 공백을 해소하기 위한 EBS의 노력이 공식적으로 인정을 받은 결과였다(나머지 2개는 다큐프라임 〈인류세〉가 방송통신위원회의 방송대상을, 펭수가 문화체육관광부의 캐릭터 대상인 대통령상을 받았다).

독일, 일본 등 해외 주요 언론들은 EBS의 원격교육에 대해 찬사를 보내왔다. 코로나19 팬데믹 상황에서 EBS가 운영하는 원격교육 모델과 비상 대응 체제에 관해 관심을 갖고 특별 취재를 하여 보도했다. 영국의 공영 방송 BBC 뉴스에서는 '코로나바이러스: 한국의 빈 강의실에서 어떻게 가르치고 있는가?'라는 타이

틀로 상세히 보도하였으며, 일본의 NHK TV 역시 2020년 4월 3일 'EBS 활용 공교육 대응'에 관해 두 차례의 특집 뉴스를 내보냈다. 독일의 최고 경제 일간지인 《한델스블라트Handelsblatt》도 '국가적 차원의 온라인 클래스'라는 헤드라인 하에 큰 지면을 할애해 나와의 인터뷰 내용을 상세하게 소개하였다.

EBS 온라인 원격교육의 성공적 안착은 교육 분야에서 'K-에듀'라는 이름으로 이어가 글로벌 원격교육 모델의 표준을 제시하였다는 점에서 의의가 크다. 세계 각국에서 이러한 한국의 온라인 원격교육을 배우고자 많은 관심을 나타냈었다. 아랍에미리트UAE에서는 교육부 장관을 통해 온라인 개학의 노하우를 배우고 싶다는 요청을 해올 정도였다.

위기는 조직이 비대할수록 빈도가 높고, 규모가 더 클 가능성이 크다. 19층 임원실 복도는 겉보기에는 매우 평온하고 한가롭지만, 그 안은 매우 긴박해 마그마가 분출되듯 불꽃 솟구치는 현장이기도 하다.

CEO들은 매일, 매시간, 위기와 기회의 파도를 탄다. 하지만 조직이 위기를 잘 극복하면 또 다른 성공의 가능성이 기다리고 있다. 어쩌면 인류의 역사는 때로는 위기에 굴복하면서, 그러나 대부분은 위기를 극복해 가며 앞으로 한 발짝씩 나아간 것이 아닌가 생각된다.

정직은 가장 확실한
자본이다

정직은 실수가 실패가 되는
상황을 막기 위한
가장 빠른 방법이다.
- 미국 기업가, 제임스 알투처

미디어는 힘이 세다

EBS가 원격교육 시스템을 도입하고 초기에는 기술적인 문제로 몇 차례 어려움이 있었다. 특히 언론은 같은 미디어임에도 불구하고 EBS에 호의적이지 않았다. 잠시 불통이 되거나 조그마한 문제가 생겨도 신문과 방송에서는 '종일 먹통', '그럴 줄 알았다'라는 식의 뉴스로 도배되었다. 어렵게 시스템을 유지하고 있는 방송사 입장으로서는 억울하지 않을 수 없었다.

전국에 있는 사용자들은 권역을 나눠서 온라인 클래스에 접속한다. 사용자가 갑자기 몰리면 기술상황실에서는 난리가 난다. 부하가 걸리기도 하고, 먹통이 되기도 하고, 한쪽을 정상화해 놓으면 다른 쪽에서 문제가 일어났다. 기술상황실은 전쟁통이나 다름없었다.

방송사 측에서는 아무 이상이 없는데, 이용자들은 전화를 걸어 연결이 안 된다며 소리부터 질렀다. 현장에 나가서 점검해 보면 학교 시스템 방화벽 때문에 외부 접속을 차단해 놓은 때도 있고, 시청자가 메뉴를 제대로 다루지 못해서 생긴 일도 허다했다. 컴퓨터가 너무 오래된 것이라 작동하지 않는 것도 방송사 책임, 인터넷 선이 고장 난 것도 모두 방송사 책임이었다. 그야말로 수천 가지 문제들이 발생했다. 상담센터 인원을 몇 배로 확대했지만, 전화는 계속해서 마비 상태였다. 그런데도 언론은 마치 EBS가 10년쯤 준비 기간을 가졌는데도 대비를 못 해서 문제가 발생한 것처럼 보도했다.

조급한 마음으로 진행한 계획은 무리수를 낳는다

온라인 클래스는 기술적으로 EBS가 단독으로 진행하지도, 할 수도 없었다. 이

전까지 EBS에는 에듀테크 팀이 하나 있었을 뿐이다. 300만 명의 온라인 클래스를 원활하게 진행하게 하기 위해서는 7~8개 회사가 투입되어 엔지니어들이 협업해야 겨우 가능하다. EBS도 원격교육 시스템 구축을 위해 교육부와 과학기술정보통신부, 방송통신위원회 등 정부 기관, 17개 시도교육청, 유관기관과 민간 전문가들로 구성된 자문단을 꾸려서 부족한 전문성을 보완해 나갔다. 기술상황실에서도 유비온, SKB, 마이크로소프트, 베스핀글로벌, 쉐어마인드 등 민간 기업이 모여 머리를 맞대고 협업해서 이뤄낸 결과였다. 특히 기술상황실은 이쪽 저쪽에서 빨간 불이 번쩍이고, 화면이 정지되고, 다급한 목소리와 고함이 오가는 전쟁통war room이었다.

사실 나도 처음에는 어찌어찌 시스템만 구축하면 되는 줄 알았다. 그런데 진두지휘하다 보니 이 일이 전혀 만만하지 않다는 것을 알게 되었다. 2,000여 명밖에 동시접속이 안 되는 이숍ESOF을 3주 만에 긴급 증설해 300만 명이 동시접속 가능한 시스템으로 구축하려다 보니 기술적으로 많은 취약점이 드러났다.

일단 급하게 기존 시스템 100개를 복제해 연결했다. 말로는 간단해 보인다. 만약 Ctrl+C, Ctrl+V처럼 카피하고 복사해서 선만 꽂는 일이라면 그렇게 긴박한 상황이 아니었을 것이다. 100개를 복제해서 연결했다는 말은 한 가지 기술적 결함이 드러나면 100개 세트를 모두 개선해야만 한다는 의미다. 즉, 고장이 나면 100개를 하나하나 뜯어고쳐야 한다는 말이다. 100명이 달려들면 모르겠지만, 현실적으로 100명의 엔지니어를 구할 수도 없고, 기술상황실에 그만한 공간도 없다. 결국 몇 명의 엔지니어들이 밤을 새워가며 고생할 수밖에 없었다.

이건 극히 일부 문제일 뿐이다. 급하게 구축한 시스템의 문제가 어디 한두 가지랴. 정상적 상황이라면 도저히 상상도 할 수 없는 일이었다. 조급한 마음으로 진행한 계획은 무리수를 낳는다는 것을 알고 있었지만, 당시로는 어쩔 수 없는 상황이었다.

위기 상황일수록 투명하게 소통하라

나는 결단을 내렸다. KBS, MBC, SBS 등 메이저 방송과 신문사 기자들을 기술상황실이 있는 구로로 초청했다. 온라인 클래스가 어떤 식으로 진행되고 있는지 공개한 것이다. 1시간 동안 프레젠테이션을 하고, 1시간 동안 질의응답을 받았다. 있는 그대로 기자들에게 오픈한 것이다. 만약 기술상황실의 위태로운 상황을 공개해 EBS에 대한 이미지가 나빠질 것을 염려했다면 결코 기자 설명회를 개최하지 못했을 것이다. 그러나 나는 차라리 현 상황이 얼마나 열악하고 긴박한지 알기 원했다.

처음 질문할 때 싸늘하고 공격적이던 기자들이 기술상황실을 직접 돌아보고 EBS가 어떻게 대처하고 있는지 눈으로 보고 나자 논조가 180도 확 바뀌었다. 긍정적으로 돌아선 것이다. 이전에는 EBS가 정부로부터 혜택을 받는다고 생각했던 기자들이 상황을 알고 나자 원격교육 시스템이 보통 일이 아니라는 것을 깨닫고, 현장에 있는 사람들이 얼마나 고생하고 있는지 알게 된 것이다.

만약 북새통인 기술상황실의 현장을 덮으려고만 했다면 EBS에 더욱 불리했을 것이다. 많은 회사 직원이 몇 달째 밤잠을 설쳐가며 온라인 클래스를 진행하고 있다는 것을, 불통도, 먹통도 불가피한 상황에서 일어난 일이라는 것을 투명하게 공개하고, 이런 문제를 해결하기 위해 최선을 다하고 있다는 속사정을 보여주자 오히려 문제가 깔끔하게 해결되었다. 그때는 정말 천당과 지옥을 왔다 갔다 했다.

우리는 항상 크고 작은 위기를 맞닥뜨릴 수밖에 없다. 이때 무엇보다도 중요한 것은 침착함, 열린 사고, 판단력, 그리고 정직이다. 투자의 귀재 워런 버핏 Warren Buffett은 "정직은 아주 비싼 재능"이라고 했다. 자기 약점을 스스로 드러내고 싶어 하는 사람은 없다. 그러나 나는 위기 상황에서는 솔직함이 가장 문제를 빨리 해결하는 방법이라고 생각한다.

의용소방대에서 진정한 소방대로, 기회를 만들다

EBS는 원래 원격교육을 운영하는 기관이 아니다. 방송사일 뿐이다. EBS는 불을 좀 다뤄보긴 했지만, 그렇다고 소방서가 아니다. 그런데 정부가 EBS에 산불을 끄라고 했다. 당시에는 한국교육학술정보원에서 초등학교의 원격교육을 책임지고 있었으나 중고등학교의 원격교육을 담당하는 기관이 없었다. 그래도 산불을 꺼야 했기에 채 준비를 마치지도 못한 상태에서 EBS가 소방수 역할을 하게 된 것이다.

불을 끄면서 생각했다. EBS의 존재 이유가 무엇인가. EBS는 공영 교육 방송이다. KBS는 사회적 재난이 발생했을 때 재난주관방송사로서 재난 상황의 신속한 전파를 통해 국민 안전을 견인한다. 그렇다면 EBS도 국가적 차원에서 교육을 백업해야 하는 의무가 있다고 생각했다.

나는 지난 30여 년간 아무도 시도하지 않았던 법 개정이 가능한지 점검해 보았다. 그리고 2020년 11월 「한국교육방송공사법」 개정을 통해 EBS에 '원격교육 시스템의 설치·운영 및 관리'라는 새로운 책무를 부여받았다. 공사법 개정을 통해 재난 발생 시 EBS가 교육재난주관방송사로서 온라인 클래스를 설치·운영할 수 있도록 법적으로 명문화한 것이다. 이로써 EBS에는 책임이 부과되지만, 필요시 재정 지원을 받을 수 있게 되었다. 이는 EBS의 위상이 한 단계 더 높아졌음을 의미한다.

EBS의 원격교육 서비스는 대도시와 지방, 도서 벽지 등 지역 차 없이 최고의 교육 서비스를 제공함으로써 디지털 격차 및 교육 격차를 해소하였고, 사회적 재난 시에 교육재난주관방송사의 역할을 담당함으로써 미래 교육 서비스 플랫폼으로 거듭나는 계기가 되었다. 코로나19 이전의 EBS가 의용소방대였다면 법이 개정되면서 EBS는 제대로 제복을 갖춰 입은 소방대원이 되었다. 이전까지는 추리닝 차림에 구급차를 타고 가서 불을 껐지만, 이제는 제복을 입고, 소방차를 타고 불을 끌 수 있게 된 것이다.

성장은 위기의 과정에서 얻어진다

1982년 시카고에서 존슨앤드존슨 사의 타이레놀을 복용한 7명이 사망하는 사건이 일어났다. 협박범이 유통되는 타이레놀 캡슐에 청산가리를 넣어 약국에 반품했고, 이를 구매해 복용한 무고한 시민이 피해를 입었던 것이다.*

당시 회사를 이끌던 제임스 버크James Burke는 회사의 막대한 손해를 감수하고

---

* 나무위키, 타이레놀 독극물 주입 사건 참조.

즉각적으로 나서서 타이레놀 3,100만 통을 모두 수거하고 폐기한 후 대대적으로 홍보에 나서 잠재적 위험에 대해 경고했다. 또 캡슐 형태의 약을 알약으로 바꿔 범죄를 원천적으로 차단했다. 존슨앤드존슨은 그 사건으로 1억 달러 이상을 손해 보았고, 주가는 폭락했다. 그러나 제임스 버크의 책임 있는 자세로 소비자는 존슨앤드존슨을 믿을 수 있는 회사로 여기게 되었고, 존슨앤드존슨은 세계 제일의 제약·의료회사로 거듭날 수 있었다. 만약 회사 측의 잘못이 아니라고 수동적으로 대처했더라면 지금의 존슨앤드존슨은 없었을지도 모른다.

CEO의 역할은 문제를 해결했다고 끝나는 것이 아니다. 재발 방지를 위한 대비책은 물론 더 나아가 위기를 성장의 기회로 잡을 방안이 없는지 살펴야 한다. 실효성을 높이기 위해 사내 교육과 캠페인을 비롯하여 상응하는 시스템이나 정책을 마련해 나가야 한다. 그뿐만이 아니라 이 같은 조직의 변화와 개선 조치가 어떻게 실질적 성과로 나타나고 있는지를 점검하고 평가하는 작업까지 수반되어야 한다.

막다른 곳에 또 다른 길이 있다

바닷가재는 원래 부드럽고 말랑말랑한 생물로 자신을 보호하기 위해 단단한 껍질 속에서 살아간다. 바닷가재가 성장할 때 껍질까지 늘어나지는 않는다. 작아진 껍질은 여성의 코르셋처럼 바닷가재를 압박하고 불편하게 한다. 어쩔 수 없이 바닷가재는 낡고 작아진 껍질을 벗고, 새로운 껍질을 만든다. 바닷가재는 이런 과정을 여러 번 거치면서 성장한다. 위기는 바닷가재가 느끼는 불편함, 압박이다. 만약 껍질이 전혀 불편하지 않고 안락하다면 바닷가재는 성장할 수 없을 것이다.

≪주역周易≫에는 "궁즉변 변즉통 통즉구窮卽變 變卽通 通卽久"라는 말이 나온다. '극에 이르면 바뀌게 되고 바뀌면 통하게 되고 통하면 오래 갈 수 있다'라는 말로 궁이란 극에 달함, 즉, 막다른 곳에 다다라 더는 나아갈 수 없는 상황을 말한다. 위기가 발생하고, 지금까지 해왔던 방법으로 문제를 해결할 수 없으면 바꿔야 한다. 변화를 시도하지 않으면 안 되는 것이다. 예를 들어 코로나19라는 전대미문의 위기가 발생했다. 오프라인만을 고집해서는 교육도, 산업도 풀어갈 수 없다. 그렇다면 코로나19라는 새로운 상황에 맞춰 현실 문제를 풀어야 한다.

세계적인 경영학자 피터 드러커Peter Ferdinand Drucker는 "격동의 시기에 가장 큰 위험은 격동 그 자체가 아니라 어제의 논리에 따라 행동하는 것"이라고 했다. 새로운 상황에서는 그에 맞는 문제를 풀어갈 길을 찾고, 이를 통해 지속 가능성의 발전을 도모해야 한다.

갇힌 생각을 깨야
문제를 해결할 수 있다

당신이 저지를 수 있는
가장 큰 실수는
실수하지 않을까 두려워하는
것이다.

- 미국 작가, 앨버트 하버드

밤을 새워도 풀리지 않는 문제가 있다

원격교육이 시작되기 전까지 EBS 구성원 모두는 학교 교육의 공백을 메꾸기 위해 극도의 긴장 속에서 하루하루를 보냈다. 상황실 첫 회의는 매일 아침 8시, 마지막 회의는 밤 10시에 끝났다. 휴일도 없이 전 임직원들이 비상 대기 속에서 국가적 과제를 수행하기 위해 혼신의 노력을 기울였다. 어떤 부서 직원들은 일주일 동안 10시간도 잠을 자지 못할 정도로 격무를 수행했다. 오로지 학교 교육 보완은 공영 교육 방송 EBS에 부여된 사명이라는 책임감으로 일했다.

EBS 학교교육본부장과 원격교육 민원 책임자인 심의시청자 실장, 교육기획부장 그리고 EBS의 에듀테크 팀원을 비롯한 관련 임직원들이 과로로 쓰러지지 않을까 걱정이 끊이지 않았으나 당시에는 대안이 없었다. 나 역시 2주 동안 사장실에서 야전침대 신세를 지며 긴박한 상황에 대비해 총력 대응했다. 새벽 5시쯤 눈이 떠지면 나도 모르게 살면서 한 번도 하지 않았던 말이 튀어나왔다.

'천지신명이시어, 제발 온라인 클래스가 정상적으로 작동할 수 있도록 도와주십시오.'

원격교육이 시작되고 난 후에는 온라인 클래스의 운영상 발생하는 수많은 문제를 개선하느라 다시 전쟁을 벌여야 했다. 거대한 온라인 클래스 시스템을 구축하고 이용자들이 불편 없이 사용하기 위해서는 셀 수 없이 많은 고려 사항이 있다. 시스템 구축뿐만 아니라 각자의 기기와 운영 시스템, IT 운영 능력이 제각각인 학생과 학부모, 선생님들이 모두 만족할 수 있는 서비스를 제공하는 일은 지난한 일이 아닐 수 없었다. 콜센터를 통해 전국에서 접수되는 민원을 일일이 상담하고 해결해야 했다. 시스템 운영 초기에 나타난 수많은 문제를 근본적으로 해결할 필요가 있었다.

「정보통신산업진흥법」에 의해 EBS의 소프트웨어 교육 플랫폼인 이솝과 같은 소규모 사업에는 중견기업이나 대기업의 참여가 금지되어 있어, 중소기업이 책임을 맡아 진행하였다. 하지만, 동시접속자 300만 명이라는 시스템 구축은 의욕과 사명감만으로는 해결되지 않았다.

길이 보이면 돌아가지 마라

우리나라는 IT 강국이라고 한다. 당시 나는 이 말을 도저히 믿을 수가 없었다. EBS와 계약되어 있던 회사 직원들이 밤잠을 자지 않고 일을 했음에도 문제가 해결되지 않았다. 그들의 노고를 깎아내리는 것은 결코 아니다. 고장이 발생했는데, 왜 고장이 났는지를 파악하기 쉽지 않았다. 한 가지를 해결하면 다른 곳에서 고장이 나고, 그 문제를 해결하고 나면 또 다른 곳에서 말썽이 생겼다. 어쩌면 당연한 결과였다. 거대한 원격교육 시스템을 충분한 준비 없이 불가피한 상황에서 전격적으로 운영했기 때문이다. IT 분야의 경험과 기술력이 뛰어난 최고 전문가 집단의 도움이 절실하게 필요한 상태였다.

결단을 내려야 했다. 이대로 법을 지키며 중소기업팀에 의지해 나갈 것인가, 아니면 다른 방안을 강구할 것인가. 온라인 클래스의 시스템상 간절히 기도만 한다고 풀릴 문제가 아니었다. 시간이 충분했다면 중소기업 기술팀이 문제를 해결했을 수도 있다. 그러나 우리에겐 절대적으로 시간이 부족했다. 결국 국내 정상급 실력자들의 참여가 필수 불가결하다고 판단했고, 나는 사내 책임자들에게 당장 국내 최고의 전문가팀을 투입할 것을 지시했다.

이 같은 SOS에 다행히 요청 당일 저녁 외부 전문가들이 투입되었고, 나는 비로소 한국이 IT 강국임을 실감할 수 있었다. 그야말로 천우신조가 아닐 수 없었다. LG CNS에서 투입된 신속대응팀은 IT 분야별 20년 이상 경험이 있는 베테랑 4명으로 구성되어 있었다. 전문가들이 투입되고 나니 시스템에 어떤 문제가 있고, 앞으로 어떤 문제가 발생할 수 있고, 현재 직면한 문제를 어떻게 해결해야 하는지 윤곽이 드러났다. 문제를 찾아내자 해결 방안도 찾을 수 있었다. 이 팀들이 하루만 늦게 합류했어도 온라인 클래스의 정상적인 서비스가 가능했을지, 아찔할 따름이다. 당시 묻지도, 따지지도 않고, 어떠한 대가도 없이 오로지 국익을 위해 기꺼이 도움을 준 LG CNS의 공로는 결코 잊을 수가 없다.

위기 속에는 반드시 기회가 숨어 있다

위기는 늘 어딘가에서 도사리고 있다. 그러나 위기는 또 다른 기회라고도 한다. 위기의 한자를 보면 위태로울 위危와 기회 기機, 두 글자가 합쳐져 있다. 위기 속에는 반드시 기회가 숨어 있다.

위기는 두 글자로 구성된다.
하나는 위태로움이고, 하나는 기회다.

어떤 분야든 위기는 생긴다. 이때 어떻게 문제를 해결해 나갈 것인지는 리더의 역량이 결정한다. 불가피한 문제라면 리더는 분석적으로 사고하고, 아이디어를 구조적으로 정리해 끈기를 가지고 해결점을 찾아 나간다. 그러나 그보다 더 좋은 것은 위기가 닥치기 전 위기를 예방하기 위해 적극적으로 전략을 짜고 행동하는 것이다. 미국의 심리학자 겸 작가인 필 맥그로Phil McGraw도 "위기에 처할 때까지 기다리지 말고 위기 계획을 세워야 한다"라고 했다.

2019년 3월 사장 취임 당시 EBS는 4년 연속 적자가 심화되어 자본 잠식이 우려되는 상황이었다. 회사 분위기도 매우 암울했다. 나는 취임하자마자 몇 가지 조치를 단행했다.

가장 먼저 관성적으로 반복해 오던 회의 방식을 바꿨다. 월요일 아침이면 EBS 전 부서의 부장과 부서장이 참여하는 간부회의가 열린다. 회의는 간부가 보고하고, 사장이 코멘트하는 방식이었다. 담당자들은 자기 보고가 끝나면 핸드폰을 보거나 회의에 집중하지 않고 다른 일을 하는 경우도 있었다. 9시 30분에 시작한 회의는 점심시간이 돼서야 겨우 끝났다.

'회의가 많은 조직은 회의적인 조직'이라고 한다. 매주 루틴하게 회의하다 보니 몇 주간 하나의 사안으로 내용이 거의 바뀌지 않은 채 같은 내용으로 보고가 이루어졌다. 가령 지난주에는 프로젝트를 계획했고, 이번 주에는 실행했고, 다음 주에는 10미터가 나갔고, 그다음 주에는 15미터는 진행했다는 식의 보고였다. 시스템 하나 기획하여 개발하는데 수개월 동안 계속하는 부서도 있었다. 이래서는 안 되겠다는 판단하에 회의 방식을 완전히 바꿨다. 사장이 물으면 관련 부서장이 답하는 식으로 바꾼 것이다. 한 가지 사안이라도 연관된 부서가 여럿

이면 언제 어떤 질문이 날아들지 모르니 긴장할 수밖에 없고, 회의 집중도도 높아졌다. 주로 새로운 사업, 여러 부서 간 협업 사업, 그리고 애로 및 건의 사항, 토론 중심으로 회의를 진행했다. 회의 중 사장이 지시한 내용은 부별로 별도 기록해 다음 회의 때 진척 사항을 보고하고 점검하도록 했다.

이처럼 방식을 바꾸고 난 후에는 공통된 사안에 관해 토론까지 해도 회의 시간이 한 시간 이상 단축되어 효율적으로 운영할 수 있었다. 물론 이 방식으로 회의를 진행하기 위해서는 사장이 주말에 간부회의 자료를 꼼꼼하게 들여다보고, 궁금한 점이나 확인해야 할 사항을 미리 메모해 두어야 한다. 결국 리더가 부지런하고, 철저해야 업무의 효율성은 물론 조직원도 바꿀 수 있다.

숫자는 거짓말을 하지 않는다

그다음으로 모든 부서의 핵심성과지표KPI를 설정해 회사를 숫자로 관리했다. 목표 광고 수입이 줄어들어도 담당자가 "다음 달부터는 좋아질 것입니다"라고 하면 "그래요, 열심히 하세요" 하고 넘어갈 수는 없었다. 회사가 다년간 적자가 지속되고, 그 폭도 커져서 더는 스토리텔링 형식의 점검은 불가했다. 모든 부서의 핵심성과지표를 설정하고, 매주 간부회의에서 양적 성과를 점검하고, 문제점과 대안을 함께 고민하기 시작했다. 광고의 감소 원인은 무엇인지, 타 방송사 현황은 어떠한지, 다음 달에는 어떤 경로를 통해 매출을 늘릴지 체계적으로 진단하고 점검했다. 즉, 모든 성과를 숫자로 관리하고, 그 원인과 대책까지 꼼꼼하게 살펴본 것이다.

회의 방식과 부서 관리만 바꾸었을 뿐인데도 전반적으로 대부분의 부서에서 매출 성장이 이루어졌다. 물론 이는 회의 방식의 변화 때문만이 아니라 다양한 요소들이 결합해 나타난 결과일 것이다. 그러나 리더의 방식에 따라 명확한 목표를 제시하고, 성과를 관리하면서 분명 조직 내부의 변화를 끌어낼 수 있었다. 사장이 디테일하게 사안을 짚으면 담당 간부는 긴장하고 스트레스를 받을 수밖에 없다. 하지만 이는 업무다. 직원을 무조건 좋게, 친절하게 대한다고 해서 결과까지 좋아지는 것은 아니다.

EBS는 공영 방송사임에도 공적 재원 비중은 30퍼센트 수준에 불과하고, 인건비를 비롯한 경상 경비가 보장되지 않는다. 70퍼센트에 달하는 상업적 재원에 의존해야만 하는 비공영적 재원 구조를 가지고 있다. 그럼에도 불구하고 내가 취임했을 당시 외부 기관과의 협력 사업을 추진하는 경우 간접비를 책정하지 않고 거의 모든 비용을 그대로 투입하고 있었다. 예를 들어 10억 원짜리 프로젝트를 위해 사업비 10억 원을 모두 지출하면 결국은 적자가 될 수밖에 없다. 인건비와 기자재 사용 비용 등을 책정하지 않았기 때문이다. 극단적으로 말해 협력 사업의 규모가 크면 클수록 경영에 도움이 되는 것이 아니라 오히려 부담이 된다는 뜻이다. 그래서 나는 향후 모든 외부 협력 사업의 경우 원칙적으로 일정 비율의 간접비를 책정하도록 하였다.

하나의 프로젝트를 추진하기 위해서는 다양한 관련 부서들의 협력이 수반되고 인건비도 마련해야 하므로 이는 너무나도 당연한 일이다. 어떤 경우는 공적 재원이라 간접비를 책정할 수 없다는 관행적인 판단에 기획예산 책임자가 감사원 등 관련 기관에 서면 질의를 통해 유권 해석을 받아 간접비 징수의 가능성을 확인받기도 하였다. 이 같은 원가 개념을 통해 일정 정도의 간접비를 확보함으로써 경영에 많은 도움이 되었다.

이처럼 회의 방식을 바꾸고, 모든 성과 지표를 숫자로 관리하며, 간접비 시스템을 전면 도입함으로써 취임 첫해 적자이던 경영 상태를 취임 1년 후에는 적자의 절반 이상을 줄였고, 2년 후에는 흑자로 전환할 수 있었다. 이는 창사 이래 최대의 흑자로 내가 EBS 사장에 공모하면서 공개 PT에서 약속하였던 3년 안에 균형재정을 이룩하겠다는 것을 초과 달성한 수치였다.

정보는 공유할 때
가장 값비싸다

위대한 사람의 머릿속에는
목표가 있고,
보통 사람의 머릿속에는
소원이 있다.
- 미국 작가, 워싱턴 워빙

워크 스마트 시대, 일의 핵심은 효율성이다

EBS 사장에 취임한 직후 전체 부서의 업무 보고를 받을 때 일화다. 부장 한 명이 "최선을 다해 열심히 일하겠습니다!"라며 보고를 마무리했다. 그가 강조한 것은 '워크 하드work hard'였다. 워크 하드는 농경 사회의 덕목이다. 나는 지식정보 사회인 현대에는 워크 하드가 아닌 '워크 스마트work smart'가 덕목이 되어야 한다고 강조했다(그 부장은 본래 스마트한 인재로 2년 동안 비서실장으로서 내가 일하는 데 많은 도움을 주었다. 원격교육 준비로 2주 동안 내가 회사에서 철야를 할 때도 함께 하였다).

열심히 일하는 것은 농경 사회에서 매우 중요하다. 일한 만큼 성과가 가시적으로 나타나기 때문이다. 그러나 오늘날에는 열심히만 해서는 성과가 나지 않는다. 요즘도 회사에서 본인이 제일 일찍 출근하고 제일 늦게 나간다며 자랑하는 직원이 있다. 다른 시각으로 보면 이런 사람은 자신의 무능함을 떠벌리는 것이다. 자신에게 주어진 업무를 근무 시간 내에 처리하지 못하고, 더 많은 시간을 할애해 일한다는 것이기 때문이다. 이는 애사심이 아니라 업무 역량이 부족한 것을 의미할 수도 있다. 물론 이를 일반화할 수는 없고, 각자가 처한 여건과 환경에 따라 다를 수도 있다는 것을 전제한 이야기다.

이제는 일과 휴식, 워라밸이 중요하고 가족과 함께 보내는 시간이 꼭 필요하다. 그래서 어느 정치인은 저녁이 있는 삶을 주장하여 상당한 반향을 얻기도 했다. 선진국은 저녁이 있는 삶이 보장되는 사회다. 세계 10대 경제 강국의 위상을 갖춘 우리나라도 이제는 노동과 휴식의 조화를 이룰 수 있어야 한다. 따라서 업무를 근무 시간 내에 효율적으로 하는 스마트 워킹이 매우 중요하고, 퇴근 이후에는 휴식을 갖거나 취미 생활을 하는 것이 바람직하다. CEO들도 특별한 일이 없다면 출근을 제시간에 하고 스마트하게 일 처리를 한 다음 퇴근 시간도 가능하면 지킬 필요가 있다. 그래야 다른 직원들도 가벼운 마음으로 제시간에 퇴근할 수 있기 때문이다.

워크 스마트하게 일하기 위해 역할 조직에서 중요한 것은 정보 공유다. 조직은 지위가 높은 사람이 의사 결정 권한을 가지고 아랫사람들이 지시를 수행하는 위계 조직과 의사 결정 권한이 각 구성원에게 분산되어 있는 역할 조직으로 나눌 수 있다. 과거 한국의 기업이 대부분 위계 조직이었고, 역할 조직은 실리콘밸리 스타트업에서 많이 보였다. 이제 우리나라도 젊은 기업을 중심으로 역할 조직이 서서히 많아지고 있다.

정보를 모르면 현안에 대해 생각할 수 없고, 정보 공유가 늦어지면 그만큼 생각할 시간이 줄어들어 일의 대응이 늦어질 수밖에 없다. 평소 팀원, 부서 간 업무 현황을 파악하는 것도 아주 중요하다. 정보 공유로 정보의 비대칭을 줄이면 모든 구성원이 다양한 의견을 낼 수 있고 업무를 효율적으로 할 수 있다. 단적인 예로 팀원의 일과日課를 공유하는 것도 중요한 정보다. 중요한 일이 발생했을 경우, 팀원이 어디에서 무슨 일을 하고 있는지 알고 있다면 혼란을 막고 침착하게 대응할 수 있다.

일로 얻은 정보는 회사의 자산이다

불황이 지속되고 있는 오프라인 서점들 사이에서 나 홀로 고공 성장한 서점이 있다. 일본의 츠타야 서점이다. 35평 작은 대여점에서 도서, 음반 및 DVD 등을 대여하던 츠타야는 일본 내 1,400개 매장을 갖춘 국민 브랜드로 성장했다. 츠타야는 책을 매개로 음반, 문구, 소품, 가전용품까지 다양한 생활용품을 제안한다. 츠타야의 창립자 마스다 무네아키增田宗昭가 직원을 강하게 질책할 때가 있는데, 그것이 바로 중요한 정보를 제대로 공유하지 않았을 때라고 한다.

나는 사적인 것과 회사 기밀만 빼놓고 모든 사안을 임원들과 공유한다. 나 혼자만 알고 있으면 위기 상황에 사람들의 도움을 받을 수 없다. 그들도 회사 상황을 구체적으로 모르기 때문에 아이디어를 낼 수 없다. 정보는 공유하고, 의견은 나누어야 조직의 발전을 기대할 수 있다.

그러나 우리나라의 조직 문화는 여전히 회사와 관련된 정보를 독점하려는 경향이 강하다. 자신이 공적 업무로 취득한 정보와 인적 네트워크를 자신의 자산으로 삼으려고 하는 사람들이 많다. 그래서 업무 인수인계 시에도 이 같은 정보 자산의 공유가 잘 일어나지 않는다. 외국 방송사들을 방문해 필요한 자료를 물어보았을 때, 당신 회사에서 동일한 자료를 이미 여러 번 물어보고 요청했다는 말을 듣고 얼굴을 붉힌 적이 여러 번 있다. 그만큼 정보 공유에 대한 인식조차 제대로 갖춰져 있지 않은 것이다.

혹자는 내가 일하면서 얻은 정보를 왜 다른 사람에게 나눠줘야 하냐고 의문을 가질 수 있을 것이다. 이는 잘못된 생각이다. 일에서 얻은 정보는 개인의 것이 아닌 회사의 자산이다. 그렇기 때문에 부서 인수인계 시에는 자료와 관련 자들에 대한 항목을 반드시 별도로 마련하여 제대로 전달이 되었는지 철저하게 점검해야 한다. 그렇지 않으면 후임자는 항상 원점에서부터 출발해야 하고, 조직 발전에 전혀 도움이 되지 않는다.

기록되지 않는 것은 기억되지 않는다

나는 정보의 공유가 단편적인 것만을 의미하지 않는다고 본다. 역사가 미래의 방향을 제시하는 것처럼 기록도 정보로써 기업의 발전이나 성장을 위해 중요한 역할을 한다. EBS 원격교육 시스템을 구축하면서 나는 초유의 비상사태를 우리가 어떻게 극복했는지 하나도 빠트리지 말고 모두 기록하여 백서로 발간할 것을 지시한 바 있다.

대한민국의 교육 관련 주체들은 모두 진정성과 간절함, 그리고 애국심으로 비대면 교육을 열어갔으며, 그 과정에서 EBS가 중심이 되어 교육의 매개자이자 발전소 역할을 수행했다는 사실을 기록하고 싶었다. 또한 향후 유사한 사태가 발생하게 되면 EBS가 겪은 일이 큰 도움이 될 수 있다고 생각했기 때문이다.

나는 상황실에 기록을 전담하는 직원을 배치해 본사의 종합상황실과 외부의 기술상황실에서 논의되고 해결해 나갔던 모든 내용을 상세히 담아내도록 했다. 임진왜란 당시 영의정과 도체찰사*로 전쟁을 총괄 지휘하며 전란을 치러낸 경험을 정리한 류성룡의 《징비록懲毖錄》처럼 기록으로 남겨진 원격교육 시스템 구축 대응은 또 다른 위기 상황에 봉착했을 때 방향을 제시하고, 문제를 해결하는 데 큰 도움이 될 것으로 믿었기 때문이다.

코로나19 팬데믹으로 비대면 교육이 주목받았고, 학생들은 그 유용성을 확인했다. EBS도 교육 현장과 소통하며 필요한 교육 콘텐츠를 제공하고, 나아가 미

---

* 조선 시대, 전쟁이 났을 때 군무를 맡아보던 최고의 군직.

디어 발전 추세에 맞춰 첨단 에듀테크를 활용한 미래형 교육 콘텐츠 개발에 진력하고 있다. 앞으로 또 다른 교육 위기가 닥쳐온다고 하여도 EBS는 과거 경험한 것들을 써둔 기록을 참고삼아 시행착오를 최소화할 수 있을 것이다.

정보 공유란 특별한 것이 아니다. 조직원들에게 가능한 한 많은 정보를 제공하면 된다. 단순히 솔직하게 무엇이, 어떻게 진행되고 있는지를 알려줌으로써 조직은 이익을 얻을 수 있고, 리더는 존경과 신뢰를 받을 수 있다. 충분한 정보는 불필요한 우려와 동요, 마찰과 오해를 없애고 일의 효율을 높일 뿐 아니라 조직원의 독창력과 열정을 고무시킬 것이다.

공기관 신규 임원들을 위한 연수 프로그램이 필요하다

내가 처음 조직의 부사장을 맡았을 때 아무도 일의 프로세스와 내용을 알려주는 사람이 없었다. 결재 시 무엇을 확인하고 체크해야 하는지에 대한 가장 기초적인 것부터 예산 확보를 위한 전체적인 프로세스와 컨택포인트는 어떻게 되는지, 국회에서 어떻게 활동해야 하는지 같은 중요한 일을 전혀 모른 채 업무를 시작했다. 그러다 보니 많은 것을 스스로 체득해야 했고, 처음 두어 달은 서류 속에 파묻혀 숨 쉴 여유조차 없었다.

시간이 지나면서 결재 서류 보는 법을 알게 되었다. 급료처럼 루틴하게 반복되는 것은 일일이 숫자를 검토할 필요가 없다. 신규 사업처럼 중요한 안건은 전반적으로 관심을 갖고 들여다봐야 한다. 3개월쯤 지나고 나서는 조금씩 시간적 여유가 생겨 새로운 과제를 고민하고 도전할 수 있게 되었다.

신입사원을 위한 오리엔테이션은 있지만, 아직까지 임원을 위한 오리엔테이

선이 있다는 말은 들은 적이 없다. 사원과 임원의 업무가 전혀 다를 텐데, 임원이 되면 당연히 업무에 대해 아는 것으로 생각한다. 기업에 따라 임원의 업무도 다르다. 만일 내가 조직 관리, 예산 확보 등에 관한 노하우 등 신규 임원을 위한 오리엔테이션 과정을 며칠이라도 전수받았다면 훨씬 쉽게 자리에 적응했을 것이다. 사회의 변화가 매우 빠르게 이루어지고 있고, 구성원들의 생각도 임원 세대와는 큰 차이가 있어 이들에 대한 이해도 절대적으로 필요할 것이다.

우리나라에는 중앙행정기관으로 100여 개의 국가기관이 있다. 이 외에도 법률에 따라 지정된 공공기관부설기관이 370곳이나 된다2023년 1분기 기준. 공공기관은 공기업에 시장형과 준시장형, 준정부기관에 기금관리형, 위탁집행형, 그리고 기타 공공기관으로 분류된다. 이들 기관의 상임 임원 수만 하여도 430여 명에 달한다. 이 외에도 특별시, 광역시, 자치도, 시, 군, 자치구 등 지방정부가 출연하거나 출자한 기관들까지 합하면 그 숫자를 헤아릴 수 없을 만큼 많다. 이 말은 곧 공조직의 임원으로 임명되는 사람들만 해도 수없이 많다는 의미다.

문제는 해당 조직에서 승진한 사례도 있지만, 상당수는 외부에서 수혈된다는 점이다. 외부에서 영입된 신규 임원이 처음부터 일을 완벽하게 파악하고 있을 리 없다. 따라서 이들 신규 임원이 리더십을 강화할 수 있도록 분기별로 일정 기간 교육 과정을 마련하여 운영한다면 더 큰 성과를 얻을 수 있을 것이다. 단기 연수 과정 등을 통해 임원들이 지녀야 할 덕목을 체계적으로 교육하여 신규 임원들이 조직을 시행착오 없이 잘 이끌어갈 수 있도록 도움을 준다면 조직의 경영 효율성을 위해서도 크게 도움이 될 것이다. 꼭 임원의 연수 과정을 개발하여 운영하였으면 하는 바람이다.

일의 효율성을 위해
중요한 것은 정보 공유다.
정보를 모르면 현안에 대해
생각할 수 없고,
정보 공유가 늦어지면
그만큼 생각할 시간이
줄어들어 일의 대응이
늦어질 수밖에 없다.

자신의 가치는 스스로
만드는 것이다

땀 한 방울을 흘릴 때마다
더 많은 행운이 찾아온다.
- 맥도날드 창업자, 레이 크록

성공은 운과 노력의 교차점이다

월트 디즈니가 사망하고 디즈니 사의 암흑기가 찾아왔다. 쓰러져 가던 디즈니에 파라마운트에서 입지전적인 실적을 쌓은 마이클 아이스너Michael Eisner가 부임해 제작한 영화 17개 중 15개가 흥행하는 등 큰 성공을 거두었다. 부임 초기 성공으로 크게 자만한 아이스너는 이후 몰락의 길을 걷기 시작했다. 자신만만하게 투자했던 파리 디즈니랜드는 빚더미에 올랐고, 디즈니에서 중추 역할을 하던 제프리 카젠버그Jeffrey Katzenberg를 시기해 해고했으며, ABC 인수라는 악수를 두는 등 아이스너는 몰락의 길을 걸었다. 아이스너는 디즈니 초기 운이 좋아 성공하고, 이후 운이 나빠져 실패한 것일까.

스티브 잡스애플, 빌 게이츠마이크로소프트, 제프 베이조스아마존, 일론 머스크테슬라, 마윈알리바바 등 세계적인 기업을 이끄는 수장이 있다. 사람들은 이들이 시대를 잘 타고난, 운이 좋은 CEO들이라고 한다. 만약 이들이 10년만 늦게, 혹은 10년만 더 일찍 태어났으면 세계적인 기업가가 될 수 없었을 것이라고도 한다. 정말 그럴까?

뛰어난 리더에게는 운이 따른다. 단, 운이라는 것은 성공했을 때 진짜 운이 된다. 즉, 기회를 포착하여 올바르게 대처하고 문제를 해결해 나갔을 때만 운이 성사되는 것이다. 과연 스티브 잡스만 똑똑했을까? 빌 게이츠만 컴퓨터에, 머스크만이 전기자동차에 관심이 있었을까? 전 세계 80억 인구 중 휴대폰과 컴퓨터, 전기자동차에 관심이 있고, 개발하고, 사업화한 이들은 많았을 것이다. 그러나 시도했던 모든 이들이 성공하지는 못했다. 똑똑하고 천재적인 사람이 있었을 텐데도 수많은 사람 중 우리가 알고 있는 몇몇만 성공한 것이다.

운 중에는 등산하다 산삼을 발견했다거나 벼룩시장에서 산 도자기가 18세기 유물인 것처럼 정말 우연히 찾아오는 행운이 있고, 위험을 극복하고 먹구름 뒤에서 찬연하게 태양처럼 빛나는 운도 있다. 사회에서 운이란 기회를 포착해서 성과를 내면 운인 것이고, 실패하면 운이 아닌 게 되어버린다.

항상 응원과 지지가 따르는 것은 아니다

코로나19로 학교가 문을 열지 못하는 불확실함 속에서 원격교육 시스템 구축을 성공한 뒤 EBS는 학부모와 학생뿐만 아니라 국민들로부터도 많은 격려와 응원의 메시지를 받았다. 국민들은 "EBS의 역할이 이렇게 중요한 것인지를 새삼 인식하는 계기가 되었다", "EBS가 있어서 천만다행이었다"라는 안도와 함께 라이브 특강과 온라인 클래스에 대한 격려와 감사를 보냈다. 세종시를 비롯하여 대전, 충청남북도 4곳의 교육감으로부터도 "EBS가 도저히 감당할 수 없을 것 같은 크기의 업무를 3주 만에 해냈습니다. 가능하지 않은 일을 만들어낸 것입니다"라는 감사 편지를 받았다. 이러한 격려와 응원은 EBS 구성원 모두에게 큰 힘이 되었고, 아울러 자긍심을 갖게 하였다.

시청자가 매달 납부하는 2,500원의 수신료 중 EBS에 할당된 금액은 70원이다. 이것은 수신료를 징수하는 한국전력공사의 몫인 170원의 40퍼센트 수준에 지나지 않는다. 그러다 보니 EBS 1TV의 연간 제작비는 300억 원 수준에 불과하다. 국내 대작 드라마 시리즈 한 편의 제작비에도 못 미치는 비용으로 양질의 콘텐츠 제작을 위해 고군분투하고 있는 것이 EBS의 현실이다. 원격교육 시스템 구축이 성공하면서 네이버와 다음 등 포털에는 EBS가 수신료에서 월 70원 받는다는 사실에 놀라움을 표시하며, EBS에 더 많은 수신료의 몫이 돌아가야 한다고 주장하는 열성적인 시청자들이 넘쳐났다. 이것은 EBS가 공적 역할을 제대로 수행함으로써 얻은 국민적 지지와 응원이라고 생각한다. 그런데 만약 원격교육 시스템 구축이 실패했다면 어떻게 되었을까? 그때도 그럴 수 있다며, 애썼다고 EBS를 응원하였을까? 변심은 언제나 쉽다.

후회하지 않기 위해서는 고민하고 실천해야 한다

간혹 내가 운이 좋았다고 말하는 사람들이 있다. 학자인 줄 알았는데, EBS 사장이 되고, 재임 시절 코로나19를 잘 극복하였고, 경영 정상화도 이룩하였으니 대단한 운이라고 말한다. 그런데 만약 원격교육 시스템이 실패했다면 그래도 과연 나는 운이 좋은 사람인 것일까? 코로나19 팬데믹이 발생하고, 갑자기 EBS가 전국의 중고등학생을 대상으로 온라인 클래스를 해야 한다고 했을 때 나를 비롯한 EBS 전 직원은 막중한 책임 앞에 내몰린 듯한 느낌이었다. 당시 나는 '실패하면 사표를 낸다'는 각오로 문제 해결에 몰두했다. 그만큼 절실하고 절박한 상황이었기에 '해내지 않으면 안 된다!'는 심정으로 시작한 것이다. 결코 운이 좋아서 된 일이 아니다.

운동선수들이 좋은 성적을 내는 것이 과연 운이 좋아서일까? 물론 순간적으로 돌풍이 불어서 공의 방향을 바꾼다거나 상대가 얼토당토않은 실수를 저지르는 식의 순간적인 운이 잠시 작용할 수도 있을 것이다. 하지만 선수들은 그 경기를 위해 365일을 필드에서 단련하고 마인드컨트롤을 해왔을 것이다.

사회든, 운동이든 승부의 세계는 그리 호락호락하지 않다. 조직 역시 만만치 않다. 운은 가만히 있는다고 찾아오는 것이 아니다. 최선을 다했고, 결과가 좋을 때 운이 좋은 것처럼 보일 뿐이다.

뜬금없는 이야기 같지만, 나는 회사에 첫 출근을 하면 가장 먼저 화재나 자연재해 등에 대한 대비 훈련을 한다. 건물 지하에서 옥상까지 일일이 점검하고, 방재 훈련 시에는 전 직원이 밖으로 대피하는 훈련을 직접 실시한다. 많은 직원이 근무하는 곳이라 언제 무슨 일이 일어날지 아무도 예측할 수 없기 때문이다. 그래서 반드시 실제 상황을 가정하고 연습하며, 회사 매뉴얼이 제대로 되어 있는지 점검한다. 특히 방송사는 유사시 매우 중요한 국가 시설이기 때문에 방송 시설의 비상 운영 계획을 철저히 점검해 대응 시나리오의 완벽성을 보완한다.

미국의 사상가이자 시인인 랄프 왈도 에머슨Ralph Waldo Emerson은 "얄팍한 사람은 운을 믿는다. 강한 사람은 원인과 결과를 믿는다"라고 했다. 운이란 결국 준비된 사람에게 찾아오는 것이다.

정부의 연구 과제를 맡았을 때였다. 연구에 몰두하다가 과제가 늦어졌다. 정부 과제는 마감이 중요하기 때문에 마음에 들지 않아도 일단 기한 내 제출했다. 얼마 후 제출했던 보고서를 회수해서 파기하고, 연구를 보완해서 다시 제작해 납품했다. 물론 사비를 들여서 했다. 완벽주의를 지향하는 것은 아니지만, 내게 주어진 과제에 대한 책임감이라고 생각했기 때문이다.

논문을 쓸 때 지도 교수가 이런 말을 한 적이 있다. "어느 누가 똑같은 주제로 쓰더라도 나보다 더 잘 쓸 수 없는 논문을 써라."

많은 사람이 시간이 흐른 후 '그때 ~했더라면'이라는 가정법을 쓴다. 나는 그런 가정법을 쓰고 싶지 않다. 내게 주어진 시간에 완벽하게 내가 가진 역량을 다

쏟아부으면 후회도, 가정법도 쓸 일이 없다. 리더의 입장에서라기보다는 나 자신이 그 자리에서 최선을 다하는 사람, 후회하지 않는 사람, 아쉬움이 많지 않은 사람이 되기를 바라기 때문이다.

신념이 강하면 태산도 움직일 수 있다

내가 운이 좋아 계단을 밟고 올라갔다고 볼 수도 있을 것이다. 하지만 나는 한 번 하겠다고 결심하면 최선을 다한다. 만약 사회가 정직하다면 그에 대한 보답이 성과로 나타날 것이라고 믿는다. 그리고 누구보다 잘할 수 있다는 주문을 스스로에게 건다.

내가 처음 EBS 사장 공모에 도전한다고 했을 때 다들 깜짝 놀랐다. 대부분 나를 대학교수로 알고 있었기 때문이다. 하지만 나는 방송과 인연이 깊다. 대학에서 신문방송학과를 전공했고, 6년간 KBS 객원연구위원, 2년간 MBC 사장 경영자문위원, 국악방송 비상임이사 3년, 아리랑TV 부사장 등 방송계에서만 10년이 넘는 경험이 있다.

EBS 사장 첫 공모에서 20여 명의 응모자 중 적임자를 찾지 못해 재공모하게 되었다는 소식을 들었을 때, 나는 EBS 사장직에 도전하기로 마음먹었다. 교육현장을 지키면서 방송 현장을 경험한 세월이 13년이 넘는다. 방송만 아는 사람도 아니다. 교육과 방송, 한국과 외국^{국제} 감각을 복합적으로 이해할 수 있는 사람이야말로 EBS에 적임자라는 생각이 들었다. 세계적인 축구 선수로 성장한 손흥민 선수도 왼발과 오른발을 다 같이 쓸 줄 알기 때문에 그 자리까지 오른 게 아닐까.

나는 독일 유학부터 대학교수, 아리랑TV 부사장, EBS 사장까지, 한 계단 한 계단 모두 내 힘으로 올랐다. 독일 명언에 "신념이 강하면 태산도 움직일 수 있다"라는 말이 있다. 내 신조이기도 하다. 내가 하고 싶고, 해야 하고, 할 수 있다고 믿으면 내가 가진 잠재력을 발산할 수 있다고 믿는다. 만약 하지 않아야 할 이유를 찾는다면 백 가지도 댈 수 있다. 대학교수라는 안정적인 직업도 있고, 연금도 받고 있고, 굳이 일하지 않고 편히 쉬어도 된다. 하지만 한번 해보겠다고 마음먹은 이상 못할 이유도 없다. 여전히 바꿔보고 싶고, 성취하고 싶고, 이루고 싶은 것들이 있기 때문이다. 의미가 부여되고 신념이 생기면 내가 가진 에너지를 한 군데로 모아 해낼 수 있다. 쉬운 일은 없다. 하지만, 원한다면 모든 잠재력을 끌어낼 수 있다고 믿는다.

인생에서 가장 시급한 일은 나를 지키는 것이다

나는 몇십 년째 아침마다 밥 대신 수프를 먹는다. 당근, 양파, 감자, 토마토, 파프리카, 완두콩, 올리브잎을 약간 넣고 갈아서 만든 수프인데, 일주일 분을 한 번에 끓여 두고 매일 아침 사과 반쪽, 달걀 1개, 미니 두부 1개, 파프리카, 양배추에 올리브오일을 뿌린 샐러드와 함께 먹고 출근을 한다. 어느 호텔의 조찬보다 맛있다고 장담한다. 이렇게 아침을 시작하면 몸이 가볍고, 머리가 개운하다. 리더는 회사의 움직이는 이미지이기도 하니 패션에도 신경 쓴다. 비싼 옷을 입어야 한다는 것이 아니라 항상 깔끔하고 단정한 이미지를 가져야 한다.

코로나19가 한창일 때도 나는 도시락으로 간단하게 점심을 한 후 일산 호수를 한 바퀴 돌았다. 나는 매일 팔굽혀펴기 80개를 20년째 하고 있다. 20개씩 4세트

124

를 하는데, 이 때문에 별다른 운동을 하지 않아도 건강을 유지하고 있다. 그리고 저녁에 특별한 일이 있거나 지나치게 미세먼지가 심하지 않은 날을 제외하고는 아내와 함께 1시간 정도 산책을 하고, 주말에는 등산을 한다.

리더이기 이전에 자신을 사랑하고 관리하는 것은 중요한 일이다. 오늘부터 리더이니 자기 관리를 시작하겠다고 하는 것은 어불성설이다. 습관은 한순간에 생겨나지 않는다. 나의 아침도, 운동도 수십 년간 몸에 밴 습관이다.

리더의 자기 관리는 아무리 강조해도 과하지 않다. 피터 드러커Peter Ferdinand Drucker는 "자신을 관리하지 못하면서 조직을 관리할 수 없다"라고 했다. 120퍼센트 공감하는 말이다. 나 자신조차 관리가 되지 않는데, 적게는 몇 명, 많게는 수백 수천 명의 직원을 어떻게 이끌고 관리하겠는가.

리더의 역할보다 더 어려운 것이 자기 관리다. 다산 정약용은 "인생에서 가장 시급한 일은 나를 지키는 것이다. 천하 만물 가운데 굳이 지킬 것이 없지만 오직 나만은 지켜야 한다. 천하의 잃기 쉬운 것에 나만 한 것이 없다"라고 했다.

인간의 마음은 조금만 방심해도, 금세 흐트러진다. 흐트러진 마음을 다시금 단단히 세우기란 쉽지 않다. 게으름, 방탕, 욕심, 권력, 물질 등 얼마나 많은 욕망에 쉽게 노출될 수 있는 현대인가. 욕망에 실려 떠나버린 나를 다시 찾아오기란 어렵다는 점을 잊어서는 안 될 것이다.

PART
3

마음의 공유,
금기와 경계를
뛰어넘어라

시간이 쌓인다고 해서 관계가
자연스럽게 깊어지는 것이 아니듯
마음도 가만히 있는다고
저절로 얻어지는 것이 아니다.
행동을 취하지 않으면
한자리에서 맴돌거나 멀어질 뿐이다.

공유하고 공감하라

자본주의 시대에 인간은
여러 가지 지적 수단을
발전시켜 왔지만,
감정과 심리의 벽은 여전히
높기만 하다.
- 미국의 투자자, 워런 버핏

하나로 뭉치지 않는 한 모든 힘은 약하다

가장 유약하고 흔들리기 쉬운 것이 사람의 마음이지만, 가장 강하고 견고한 것 또한 사람의 마음이다. 팔랑귀 소유자는 사소한 한마디에 가볍게 넘어오기도 하지만, 한번 뜻을 정하면 꺾지 않는 황소고집인 사람도 있다. 이런 각양각색의 사람을 이끌고 험한 경쟁의 시대를 뚫고 나아가야 하는 것이 리더다.

리더의 본질이 무엇인가? 개성을 가진, 많은 사람의 뜻과 의지를 하나로 모아 목표를 향해 나아가는 것이다. 화살 1개는 쉽게 부러트릴 수 있지만 여러 개를 묶은 화살은 부러트리기 어려운 것처럼, 하나로 뭉치지 않는 한 모든 힘은 약하다. 그렇지만 '세 사람만 모여도 정치적으로 변한다'는 말이 있는 것처럼 다양한 특성을 가진 사람들이 모여 이해관계를 추구하는 조직을 하나로 모아 이끌기란 그리 간단한 일이 아니다. 특히 좋은 회사, 좋은 팀일수록 리더의 의지대로 이끌기 쉽지 않다. 좋은 회사일수록 유능한 인재가 많이 모이고, 인재들은 자기 생각이 분명하고, 자신이 똑똑하다는 것을 잘 알고 있기 때문이다. 자신을 최고라고 생각하는 인재들을 어떻게 해야 리더가 이끌 수 있단 말인가. 인재보다 더 똑똑하고, 더 일을 잘하고, 더 유능해야만 하는 것일까.

리더는 자기가 만들어낸 가치에 의해 존경받기도 하고, 무시당하기도 한다. 영특한 조조 같은 리더이든, 유약한 유비 같은 리더이든 형태는 중요하지 않다. 조직원이 어떤 이유에서든 존경할 수 있고, 따를 만한 장점이 있어야 한다. 겉으로는 어쩔 수 없이 따르는 척하지만, 마음이 따르지 않는다면 리더 자신은 물론 조직 자체가 오래갈 수 없다. 그만큼 리더의 역할은 조직의 흥망성쇠에 중요한 역할을 한다.

본질적인 욕망의 알맹이는 바뀌지 않는다

우리나라는 갈등 공화국이다. 지역 간 격차, 대기업과 중소기업 간 격차, 빈곤층과 중상층, 노동자와 고용주, 청년층과 기성세대, 사회 성평등 수준에 대한 남녀 간 인식 차이로 빚어진 젠더 갈등 등 사회 양극화 현상은 더욱 심화되고 있다. 이런 양극화 현상은 다양한 사회 문제를 만들지만, 특히 청년층과 기성세대 간 갈등은 조직 내의 통합을 저하하고, 조직 성장의 걸림돌이 된다.

성역 없는 풍자와 거침없는 패러디로 주목받고 있는 코미디 쇼인 쿠팡플레이의 〈SNL 코리아〉는 MZ세대의 사고를 잘 보여주는 듯하다. 회식에서 부장이 "오늘은 내가 쏘는 거니까 다들 실컷 먹어"라고 분위기를 띄우면 '법카^{법인카드} 쓰면서 생색낸다'며 속으로 비웃는다. 고기가 타들어 가는데도 아무도 뒤집지 않는다. MZ세대 사원은 본인이 왜 나서서 고기를 구워야 하는지 모르고, 상사는 본인이 윗사람이라는 고정 관념 때문에 타는 고기를 바라만 보고 있다. 사무실에서 간식으로 매운 떡볶이를 시켜놓고 딸려 온 단무지를 뜯으려는 사람은 아무도 없다. 누군가가 뜯기만을 기다린다. 물론 극단적이고, 과대 포장한 내용으로 웃자고 만든 것이겠지만, 방송이란 현 세태를 반영한 일종의 문화이니 그냥 흘려볼 수만도 없다.

MZ세대들은 공정, 성장, 가치, 이 세 가지 키워드를 중요시하고, 3불^不 정신인 불이익, 불공정, 불의를 참지 못한다고 한다. 생각해 보면 어느 시대인들 불이익, 불공정, 불의가 정의였던 적은 없다. 공정, 성장, 가치를 무시하지 않았다.

인간의 본질적인 욕망의 알맹이는 바뀌지 않는다. 시대의 문화 흐름에 따라 껍데기만 바뀔 뿐이다. 19세기 미국에서 노예 제도가 폐지되었을 때 농장주들에게는 그것이 불이익이고, 불공정이고, 불의였을 것이다. 100년 전 투표권 없던 여성들에겐 세상의 변화에 참여할 수 없는 것이 불의고, 불공정이었을 것이다. 지금은 투표하지 않는 사람들이 불의다. 그렇게 사회는 서서히 성숙해지고, 변해간다.

사람 사는 것은 과거나 지금이나 크게 다르지 않다. 고기를 부장이 뒤집으면 어떻고, 단무지 비닐을 사장이 벗기면 어떤가. 같은 의미로 사원들이 수저를 놓으면 어떻고, 물을 따르면 어떤가. 결국은 마음에서 비롯된 문제들일 뿐이다.

과거에는 밭에 토마토를 심었지만, 기후가 변하고 땅도 변했다면 애플망고나 샤인머스캣 같은 특용 작물에도 관심을 가져야 한다. 토마토만 고집하는 농가가 살아남을 수 있을까? 사회의 형질이 변형되었다. 과거는 참고할 사항이지 필수 사항이 아니다.

동기부여 전문가인 사이먼 사이넥Simon Sinek은 나쁜 리더에게 중요한 것은 '누가 옳은가?'이지만, 좋은 리더에게 중요한 것은 '무엇이 옳은가?'라고 했다. 내가 옳다, 네가 옳다가 아니라 큰 그림 속에서 무엇이 옳은지를 볼 수 있어야 한다.

재능은 부족해도 되나, 인품이 부족하면 위험하다

일본 굴지의 기업 교세라의 창업자인 이나모리 가즈오稲盛和夫 전 명예 회장은 "리더는 재능이 조금 부족해도 되지만, 인품이 부족하면 위험하다"라고 했다. 또 "경영은 사람의 마음을 쌓아올리는 것"이라고도 했다.

리더의 업무 역량과 결단성은 하나의 조직을 뭉치게 하는 데 매우 중요한 역할을 한다. 그러나 그보다 더 앞서야 하는 것은 인간의 마음을 만질 줄 아는 것이다. 사람의 마음을 잘 만진다는 것은 마사지하듯 기교나 술수를 필요로 하는 것이 아니다. 진정성을 가지고 소통하면서 서로를 이해하는 것이다. 이성을 만날 때도 일상에서 접하는 말 한마디와 행동에 따라 마음이 끌리고 이것들이 축적되어 결혼에 이른다. 조직에서도 마찬가지다. 구성원들의 마음을 얻고 진정성 있는 소통을 하려면 작은 것부터, 당장 실천이 가능한 것부터 챙기는 것이 필요하다.

이제 CEO들도 특별한 일이 없다면 출근을 제시간에 하고 스마트하게 일 처리를 한 다음 퇴근 시간도 가능하면 지키는 것이 필요하다. 그래야 다른 직원들도 가벼운 마음으로 제시간에 퇴근할 수 있다. 나는 비상 상황이 아닌 이상 퇴근 무렵에 보고 자료를 요청하지 않고, 퇴근 후에 술 마시자고 부르지도 않는다. 주말에 어디를 가자고 약속하지도 않는다. 주중에 열심히 일했다면 저녁 시간과 휴일은 오롯이 개인에게 돌려주는 것이 합당하다.

리더의 인품은 구성원뿐만 아니라 조직 문화 형성에도 영향을 미친다. 조직원들에게 소속감과 책임감을 느끼게 하면 조직이 안정되고, 그 안정감이 성과로 이어진다. 반대로 리더가 불안정하면 지속적으로 이탈자가 생기고, 분위기가 살얼음판을 걷듯 무겁고 조직 역시 성장하기 어렵다. 그러므로 리더에게는 직원을 바라보는 따뜻한 마음이 필요하다.

유학 오경五經 중 하나인 《역경易經》에는 "겸손을 갖추면 모든 일에 막힘이 없다"라고 하였다. 리더는 자신의 강약점을 인식하여 구성원들과의 소통이 막힘없이 이루어질 수 있도록 하며, 다른 사람들을 존중하고 배려하는 따뜻한 모습을 보여주어야 한다.

나쁜 리더에게 중요한 것은
'누가 옳은가?'이지만, 좋은
리더에게 중요한 것은
'무엇이 옳은가?'이다.
내가 옳다, 네가 옳다가
아니라 큰 그림 속에서
무엇이 옳은지를 볼 수
있어야 한다.

인정받는 사람은
힘든 일도 즐겁게 한다

탁월한 리더는 자신을 따르는
사람들의 자존감을 고양하기 위해
온갖 노력을 다 기울인다.
- 월마트 창업자, 샘 월튼

개인의 성장을 지지하는 멘토의 중요성

인복이 있어서인지 나는 일생을 살아오면서 운 좋게도 훌륭한 선생님들을 많이 만났다. 고등학교 시절 담임이었던 정봉화, 그리고 국어 교사였던 이종근 두 분이시다. 두 분은 젊은 나에게 무한한 가능성을 확인해 주었고, 우람찬 나무로 성장할 수 있도록 자양분을 주셨다. 때로는 선비처럼 갖추어야 할 덕목을 가르쳐주고, 활화산처럼 끓어오르는 열정이 무엇인지를 몸소 실천하신 선생님들이었다.

대학 지도 교수였던 이정춘 교수와의 만남은 나의 운명을 통째로 바꿔놓은 인생의 큰 사건이었다. 군 제대 후 복학하고 난 뒤 이 교수 과목 시험을 나쁘게 보지 않았던 덕분인지 당시 학과장이었던 이 교수의 조교로 일을 돕게 되었다. 오랫동안 외국 생활을 한 이 교수의 원고 교열을 보기도 하고, 교수가 밤을 새워 연구할 때 함께하기도 했다.

내가 졸업할 때쯤, 당시 신군부의 언론 통폐합 조치가 단행되어 언론사 신입사원 채용이 대부분 중단된 상태였다. 이때 이 교수의 영향과 조언으로 그전에는 한 번도 생각하지 않았던 유학을 결심하게 되었고, 아내와 함께 독일로 떠나 유럽의 위성 방송과 관련한 박사 학위를 받을 수 있었다. 1984년 유학을 떠날 때 이 교수는 우리 부부의 항공권을 선물로 주었고, 사모님은 카메라를 사라며 200달러를 주었다. 당시 1인당 국민소득 수준이 2,257달러인 것을 고려하면 실로 큰 금액이 아닐 수 없다. 두 분을 생각하면 언제나 잊을 수 없는 감사한 마음이 샘솟는다.

직장인이 되어서 두 분의 좋은 멘토를 만나게 된 것도 행운이다. 그중 한 분은 이대순 총장이시다. 40대의 젊은 나이에 전라남도 교육감을 역임하였으며, 제 11·12대 국회의원, 소속했던 당의 사무차장과 원내총무, 국회운영위원회 위원장을 맡아 대통령 선거 직선제 개헌을 주도하는 등 정치적 역량을 폈다. 그뿐 아니라 체신부현 과학기술정보통신부 장관과 대학 총장, 한국대학총장협회 회장을 역임했다. 이처럼 이분은 정치인으로서뿐만 아니라 교육자로서 우리나라의 대학 교육 발전에도 많은 기여를 하였다.

나의 사회생활은 이 총장을 통해 방향을 잡았다고 해도 과언이 아니다. 이 총장과 같이 있을 때면 마치 지구상에 단둘만 남은 것처럼 마음이 따뜻해진다. 이 총장은 나뿐만 아니라 누구를 만나더라도 집중해서 얘기를 듣고, 본인이 도울 수 있는 일이 있으면 그 자리에서 바로 실천에 옮긴다. 오랜 정치 생활을 해서인지 수천 명의 관혼상제뿐만 아니라 어쩌다 찾는 지인들에게도 최선을 다했다. 나 역시 총장의 권유로 댁에서 여러 번 신세를 진 일이 있다.

이 총장의 고희연이 열렸을 때, 전직 총리 등을 비롯하여 2,000명이 넘는 사람들이 참석해 이 총장을 축하해 주었다. 이것만 봐도 그분의 인적 네트워크가 얼마나 광범위하고 촘촘했는지를 미루어 짐작할 수 있다. 그날의 파티는 인간관계에서 진정성과 정성이 얼마나 중요한지를 체감하는 계기가 되었다.

교수 시절 5개국 27명을 초청해 이틀간 열리는 국제심포지엄을 위해 A부터 Z까지 내가 도맡아 진행했던 적이 있다. 심포지엄이 열리기 몇 달 전부터 혼자서 사방팔방 뛰어다니며 준비했지만, 총장의 믿음과 격려가 있어 힘든 줄 모르고 즐겁게 일했던 기억이 있다. 준비 기간 동안 집에서 저녁 한 번 먹기 어려울 정도로 힘들었지만, 정말 즐겁게 일했었다.

사람은 인정받을 때 가장 큰 에너지를 낸다

또 한 분은 구삼열 사장이다. 구삼열 사장은 유엔 특별기획본부 본부장과 유엔 공보처 국장을 지냈던 분으로 2003년부터 2006년까지 아리랑국제방송 사장으로 재임했다. 나는 구 사장을 통해 글로벌 마인드와 네트워킹의 중요성, 문화 예술의 중요성, 세상을 넓게 보는 법을 배웠다. 또 유니크한 작은 선물 하나로도 상대의 마음을 살 수 있고, 스토리가 있고 분위기 있는 레스토랑에서 비싸지 않은 식사를 하면서도 상대를 즐겁게 해주고 감동을 주는 방법을 그분을 통해 배웠다. 또한, 구 사장의 영향으로 오케스트라, 발레, 오페라 등 고급문화 예술과 친해지게 되었다. 구 사장은 지금도 어려운 일이 있을 때마다 조언해 주는 나의 멘토다.

구삼열 사장이 아리랑TV에 있을 때 나는 그곳의 비상임이사였다. 나와는 전혀 모르는 사이였는데, 어느 날 갑자기 내게 스카우트 제의를 했다. 당시 나는 한 기관과 큰 규모의 프로젝트 계약을 앞두고 있어서 정중히 거절했다. 그러나 구 사장은 "위성 방송 전문가인 김명중 이사가 곁에 있으면 힘이 난다"라며 나와 꼭 함께 일하고 싶다고 거듭 요청했다. 일주일간의 고민 끝에 합류하기로 한 뒤, 아리랑TV에 부사장 직제가 신설되면서 2004년 2월 부사장으로 임명되었다.

아리랑TV와는 이전부터 인연이 있었다. 나는 1990년부터 1996년까지 KBS의 위성 방송을 위한 기본 계획을 수립한 적이 있는데, 이 덕분인지 공보처^{현 문화체}육관광부가 중심이 되어 추진한 국내 최초의 해외 위성 방송인 아리랑TV의 기본 계획을 수립하는 데도 참여하게 되었다. 문화체육관광부 산하 국제방송교류재단의 아리랑TV의 서비스는 1997년 2월 3일 시작함으로써 KBS와 아리랑TV 두

방송사 위성 방송의 기본 계획을 수립하는 데 이바지할 수 있었다.

아리랑TV 부사장 시절, 몸은 군대 생활만큼 힘들었지만, 신명을 바쳐 신나게 일했다. 이처럼 사람은 자신을 믿고 인정해 줄 때, 힘들고 어려운 일도 즐겁게 한다. 아무리 어려운 일도 해낼 수 있는 에너지가 넘쳐난다.

내가 아리랑TV에 재직할 당시 구 사장에게 의견을 제시해 들어주지 않은 일이 하나도 없었다. 아마도 나의 신중함 때문이었을 것이다. 어떤 사안에 대해 반대해야 할 경우, 나는 꼭 세 번으로 나눠 의견을 전달했다. 결정에 일정한 부작용이 수반될 것이 예상되면, 처음에는 매우 수동적인 동의를 한다. 그리고 한두 시간이 지난 후 예상되는 문제점을 이야기한다. 그리고 다음 날 아침, 좀 더 구체적인 의견을 제시한다. 그러면 구 사장은 "부사장은 이 일을 추진하지 말라는 이야기지요?" 하며 내 의견을 받아 주었다. 내가 여러 번 나누어 의견을 말하는 이유는 사장이 고민 끝에 결정한 일을 즉각 부정하는 것은 예의도 아니거니와 나 자신도 그 사안에 대해 좀 더 깊이 고민할 수 있는 시간을 벌기 위한 의도였다.

오리가 아닌 백조임을 깨닫게 하라

사람에겐 누구나 인정받고자 하는 욕구가 있다. 살고자 하는 생존력은 인간의 생리적인 욕구지만, 타인에게 인정받고자 하는 욕구는 사회 속에서 자기 존재 이유를 확인하고자 하는 것이다. 공자孔子는 "자기를 알아주지 않음을 걱정하지 말고 알아줄 만하게 되려고 노력하라"고 했지만, 이 말을 역으로 해석하면 많은 이들이 자신을 알아주기를 바란다는 것이다.

누군가에게 자신의 능력을 인정받는다는 것은 생존 이유를 확인받는 것이며,

내가 가치 있는 존재라는 믿음, 즉, 자신감과 자부심을 느끼고 살아가는 보람과 삶의 목표를 생기게 만드는 기제로 작동한다.

방송 제작에서 큰 역할을 담당하는 부서 중 하나로 미술과 공간디자인부를 꼽을 수 있다. 프로그램은 이들의 전문 역량에 따라 수준이 달라진다. 시청자들이 눈이 편안한 가운데 임팩트 있는 콘텐츠를 즐기기 위해서는 무엇보다도 프로그램의 컬러가 중요하다. 그 사실을 잘 알기에 EBS 취임 이후 미술과 디자인 부서 직원들과 자주 만나 소통하였다. 그런데 대화를 나누다 보니 30여 명에 달하는 직원들은 제작을 지원하는 부서로서의 역할에만 충실하면서 만족하고 있는 듯했다. 나는 그들이 방송에서 얼마나 중요한 위치에 있으며, 역할을 하는지 공감하고 격려했다.

반응은 매우 서서히 나타났다. 우선 자발적으로 방송사 프로그램 전반의 컬러에 관한 연구를 시작했다. 더 나아가 세계적인 방송사들의 사례들을 벤치마킹하고, 자체적으로 프로그램 컬러 시안을 제시하여 제작진들과 협의했다. 또 ESG 활용 차원에서 무대 설치 후 버려지던 자재를 최대한 재활용해 비용을 줄였을 뿐만 아니라 환경에도 매우 도움이 되는 대안들을 실천하기 시작했다. 그 뿐만이 아니라 세계 3대 국제디자인공모전에 WebXR을 활용한 메타버스 전시로 참여하여 수상까지 했다. 이는 국내 최초의 사례로 방송사에서도 향후 활용 가능성이 있는 분야였다.

직원들은 입사 이후 디자이너들이 이렇게 자랑스러웠던 적이 없었다면서, "문화와 예술로 상상력을 키워주는 대화가 큰 힘이 되었다. 일하면서 상상할 수 있는 여백과 즐거움을 주어 고맙다"라며 내게 메시지를 보내왔다.

빛을 구하고자 한다면 그늘을 직시하라

리더는 구성원을 존중하는 마음가짐을 항상 견지하면서 믿음을 보여주어야 한다. 리더란 특정한 부서, 특정한 조직원만이 아니라 조직 구석구석을 살펴야 한다. 물론 조직이 커질수록 모든 직원을 한 명 한 명 다 알 수는 없는 노릇이다. 그러나 적어도 각 부서의 업무가 조직이 돌아가는 데 있어서 얼마나 중요하고, 잘 돌아가고 있는지는 점검할 수 있어야 한다.

대부분의 조직에는 조명을 좀 더 받는 부서와 직군이 있는 반면, 조명을 덜 받는 곳이 있다. CEO라면 묵묵히 일하면서도 존재감이 적은 직업군에 더 많은 관심을 가져야 한다. 특히 요즈음은 직장 내의 다양한 신분 유형 때문에 보이지 않게 소외된 의식을 갖는 이들이 있을 수 있다. 조직이 화음을 내려면 평소 핵심 부서와 지원 부서 간에 상대적인 자부심의 격차가 적어야 한다. 정책 기획이나 핵심 사업 부서는 항상 중심에 있는 반면, 지원 부서는 열정적으로 일하면서도 덜 중요한 것처럼 인식되기도 한다. 이는 해당 직군이나 부서의 사기를 떨어뜨릴 우려가 있기 때문에 CEO는 균형을 유지하는 데 관심을 가져야 한다.

세계적인 건축가 안도 다다오安藤忠雄는 "자기 삶에서 빛을 구하고자 한다면 먼저 눈앞에 있는 힘겨운 현실이라는 그늘을 제대로 직시하고 그것을 뛰어넘기 위해 용기 있게 전진할 일이다"라고 말했다. 조직에 이 내용을 대비할 수도 있다. 리더는 늘 볕만 드는 곳만을 바라봐서는 안 된다. 그늘의 역할을 확실하게 알아줄 때 그 조직은 더욱 단단해지는 법이다.

먼저 살피고, 잘한 일이 있을 때는 공개적으로 칭찬하는 것을 주저해서는 안 된다. 인간은 타인으로부터 인정받을 때 상당한 심리적 보상을 얻는다. 그러므로 칭찬은 가능하면 자주, 그리고 공개적으로 하는 것이 좋다. 이것이 노력과 열정으로 일하는 구성원들에 대한 리더의 최소한의 예의라고 생각한다.

적절한 포상은 더 큰 의욕을 불러일으킨다

인간은 인정하고 믿어주는 존재를 위해서는 기꺼이 헌신적으로 일하는 존재다. 평소 주목을 덜 받는 부서의 구성원들도 사장이 그들을 인정하고 배려하고, 그들의 일이 얼마나 소중하고, 의미 있는 일인지 공유하면 조직의 시너지 효과는 크게 높아진다. 조직 내에서 중요하지 않은 일은 없다. 환경미화원들의 역할도 매우 중요하다. 청소가 잘 되어 있지 않은 지저분한 환경에서 업무 능률이 오를 리 없기 때문이다.

나는 국제공모전 수상식이 개최된 독일 베를린에 디자이너 3명이 참여할 수 있도록 배려했다. 성과를 낸 직원에게는 단순한 립서비스가 아닌 적정한 포상 시스템을 마련하여 운영하는 것이 중요하다. 잘하는 사람들을 격려하고, 인정하고, 보상하는 일은 리더로서 놓쳐서는 안 될 중요한 일이다.

출장에서 돌아온 후 "사장님의 배려와 응원 덕에 평생 잊지 못할 추억을 갖게 되었다. 지난 3년간 디자인을 하는 사람들에게 커다란 비전을 주시고 믿음을 주셔서 감사하다"라고 인사를 전했다. 그리고 "우리가 오리인 줄 알았는데 백조라는 뿌듯함과 자부심을 주셨다. 사장님의 믿음과 격려 덕분이다"라고 하였다. 이들은 이러한 믿음과 힘을 바탕으로 국내 대표 기업인 한화시스템과 포스코와의 협업 프로젝트도 성사시켰다.

내가 운동화를 처음 신어본 것은 초등학교 6학년 때다. 그전까지는 고무신을 신고 다녔다. 아버님께서는 시험을 잘 보았다며 운동화를 사주셨는데, 그때의 기쁨은 50여 년이 지난 지금도 잊히지 않는다. 마을 친구 중 운동화를 신은 것은 내가 유일했다. 당시 하굣길에서는 친구들과 항상 목자놀이^{사방치기, 땅따먹기 등}를 하였는데, 친구들의 성화에 운동화를 빌려줘 오른쪽 운동화가 왼쪽보다 훨씬 빨리 닳아버렸던 재미있는 기억이 있다.

내게 친구들의 부러움보다 더 큰 포상은 없었다. 물론 어린 마음이었지만, 한 번 기쁨을 맛본 나는 더 열심히 공부해 더 좋은 선물을 받고 싶다고 생각했다. 열심히 하면 포상이 기다리고 있다는 것을 그때의 경험을 통해 깨닫게 되었고, 그 깨달음이 어른이 된 내게도 새로운 일에 도전할 수 있는 원동력이 되어주고 있다.

회사, 조직을 위해 이바지한 사람은 그것을 인정하고, 그에 상응하는 보상을 하는 것을 시스템화해야 한다. 그래야 다른 사람도 그 대열에 끼고 싶다는 자극을 받게 된다. 일을 잘하는 사람은 더 잘하게 하고, 보통 사람들도 더 잘하고 싶은 의욕을 심어줄 수 있다.

조직이 화음을 내려면 평소
핵심 부서와 지원 부서
간에 상대적인 자부심의
격차가 적어야 한다. 핵심
사업 부서는 항상 중심에
있는 반면, 지원 부서는 덜
중요한 것처럼 인식되기도
한다. 이는 부서의 사기를
떨어뜨릴 우려가 있으므로
CEO는 균형을 유지하는 데
관심을 가져야 한다.

'내'가 아닌 '너'를 생각해야 감동이 만들어진다

친절한 말들은 짧고 하기 쉽지만,
그 울림은 진정으로 끝이 없다.
- 가톨릭 수녀, 테레사

상대에게 집중하고, 아이디어로 마음을 얻는다

프로그램의 기획, 제작을 책임지는 방송국 PD라는 직업은 외부에서 보면 상당히 멋져 보인다. 하지만 실상을 들여다보면 PD는 상당히 고된 직업이다. 대충 먹고, 대충 자고, 가족들 얼굴 보기가 어려울 정도로 바쁘게 일하며 자신의 개인적 삶을 포기하는 PD들이 대부분이다. 자신의 작업물이 온 국민에게 공개되고 평가받다 보니 상당히 스트레스가 심한 직업에 속한다.

EBS의 〈위대한 수업, 그레이트 마인즈〉의 PD들은 목숨까지 걸었다. 〈위대한 수업, 그레이트 마인즈〉 제작을 위해 섭외, 촬영에 나섰을 때는 미국의 코로나19 확산 기세가 최고조였을 때였다. 코로나19의 팬데믹이 지구촌을 뒤덮고 있는 엄중한 상황에서 목숨을 걸고 미국, 유럽을 다니면서 방송을 녹화한 것이다. 소명 의식이 없었다면 불가능한 일이었다.

사실 방송 PD들은 녹화할 때는 PD이지만, 그 외의 시간은 세일즈맨이라고 해도 무방하다. 그만큼 섭외가 녹록지 않다. PD들은 다양한 방법으로 섭외를 진행하는데, 몇 가지 요령이 있다. 가장 우선되는 것은 순발력이다. 순간적으로 장면을 포착해 사람의 마음을 비집고 들어가는 것이다. 마음을 사면 출연 승낙은 물론 진행도 한결 쉬워진다.

〈위대한 수업, 그레이트 마인즈〉의 출연진들이 아무리 저명한 세계 석학이라고 해도 그들 역시 인간이다. 작은 감동이 마음을 움직인다. 미국의 3대 대통령에 걸쳐서 공직을 맡았던 조지프 나이Joseph S. Nye Jr. 교수의 프로필 사진을 찍기 위해 방문했을 때였다. 방송 스태프들은 대화를 나누던 중 조지프 나이 교수와 그의 아내인 볼리 부인이 결혼 60주년이라는 것을 알게 되었다. 이에 조지프 나이 교수뿐만 아니라 자연스럽게 부부 사진도 함께 찍었다. 그리고 다음 날 '조지프와 볼리의 결혼 60주년을 축하합니다'라는 제목과 EBS 로고를 넣은, TV 55인치 크기의 대형 사진을 출력해 선물했다. 노부부는 너무나 감동했고, 강의를 위해 최선을 다해 주었다. 아마도 영원히 기억에 남을 선물이 되었을 것이다. 인물화를 취미로 그렸던 PD가 출연자의 초상화를 직접 그려 선물한 적도 있었다.

섭외 메일을 보낼 때도 전략이 필요하다. 제목은 임팩트 있게, 상업적으로 해야만 메일을 읽어본다. 세계적 명사들은 하루에도 수십 건의 이메일을 받기 때문에 제목을 분명하고 관심을 끌 수 있도록 정해야만 읽어본다. 너무 정직하게 '귀하를 방송에 정중하게 모시고 싶다'라는 제목으로는 당사자가 읽어볼 확률이 매우 낮다. 따라서 섭외 메일의 스타일은 일반 메일과는 전혀 달라야 한다.

아이디어는 생각에 불과하지만, 행동은 결과를 낳는다

일의 성사를 위해 사장이 직접 나서야 할 때도 있다. 이때도 당연히 상대의 마음을 사기 위한 아이디어가 첨부되어야 한다. EBS의 〈위대한 수업, 그레이트 마인즈〉팀은 독일의 '국민 엄마'로 불리는 메르켈Angela Merkel 총리 섭외를 위해 최선을 다했다. 실용주의자인 메르켈은 독일 총리로 16년간 재임하면서 미국 경제 전문지 《포브스》가 선정한 '세계에서 가장 영향력 있는 여성' 1위에 4년째 오르기도 했다. 메르켈 총리는 2021년 12월 7일 퇴임 직전까지 지지율이 75퍼센트에 달할 정도로 존경과 인기를 누렸던 인물이다.

그러나 메르켈 전 총리 측과 접촉 자체가 쉽지 않았다. EBS PD는 현지에서 접점을 찾기 위해 백방의 노력을 한 끝에 마침내 수석 보좌관과 연결할 수 있었다.

메르켈이 프로그램에 출연하도록 설득하기 위해 고민한 결과, 메르켈에 관한 별도의 미니 영상 다큐멘터리와 〈위대한 수업, 그레이트 마인즈〉 프로그램의 데모 영상을 제작했다. 이것만으로는 부족하다고 판단해 사장인 내가 직접 나서 독일어로 된 초청 영상 메시지를 첨부해 완전한 하나의 콘텐츠로 만들어 관계자에게 전달했다. 이처럼 한 명의 출연진을 섭외하기 위한 제작팀의 노력은 헌신적이다.

아쉽게도 세계 언론의 엄청난 인터뷰 요청이 있고, 메르켈이 수상 재직 기간 동안 휴식을 취하지 못한 관계로 출연 여부를 확정 짓지는 못하지만 절대 EBS 출연에 NO라는 뜻은 아니라는 통보를 받았다. 언젠가는 국내 시청자들이 안방에서 메르켈을 만날 수 있지 않을까 조심스럽게 기대해 본다.

무엇이 부족한지 찾아서 전략을 세워라

세상에 공짜는 없다. 사람의 마음도 가만히 있는다고 저절로 얻어지지 않는다. 반걸음씩이라도 걷지 않으면 앞으로 나아갈 수 없듯이 찾고, 구하고, 행동하는 노력이 뒤따라야만 결실을 얻을 수 있다.

아리랑TV 부사장 시절, 2004년 그리스 아테네에서 제28회 하계 올림픽 경기가 개최되었을 때다. 여야 국회의원 몇 명이 올림픽 경기 참관 후 귀국길에 동유럽 국가에 있는 우리나라 해외 방송 수신 실태를 점검했다. 한국에 있던 나는 현지 점검 지원을 위해 출장 가는 직원에게 한 가지 임무를 주었다.

당시만 해도 스마트폰이 일반화되지 않아서 정치에 민감한 국회의원들이 해외에서 국내 소식을 빠르게 접하는 것이 쉽지 않았다. 가장 먼저 비행기에서 내리자마자 국회의원들에게 지난 일주일 동안 일어났던 주요 기사를 발췌해 제공하도록 했다. 국내 뉴스가 궁금했던 의원들은 매우 반갑게 뉴스 키트를 읽었다. 여기에서 그치지 않고, 본사에서 뉴스를 스크랩해 매일 밤늦게 현지로 보냈다. 담당 직원은 이를 비즈니스룸에서 복사해 당일 현지 날씨 정보와 함께 새벽 6시경 호텔의 숙소 문틈으로 제공했다.

실태 점검이 끝난 후 국회의원들로부터 "당신들 조직은 매사 이처럼 프로페셔널하냐"라며 많은 칭찬을 들었다. 그 후 국회에서 예산을 확보할 때 여야 양쪽에서 많은 도움을 받았다. 작은 일이지만, 상대의 입장에서 생각하고 그들에게 꼭 필요한 것이 무엇인지 찾아내 서비스하면 큰 도움이 된다.

우리는 세상을 살아가면서 많은 사람과 갈등을 겪기도 하고 문제에 봉착하기도 한다. 이럴 때는 정면 대응을 할 수도 있지만, 일단은 갈등의 원인을 살펴보기 위해 역지사지易地思之해보는 것이 좋다. 《논어論語》에 나오는 표현인 역지사지는 문제나 상황을 상대방의 처지에서 생각하고 이해하여 보는 것이다. 그러면 상대에 대한 이해의 폭도 넓어지고 문제 해결에 도움이 될 때가 많다. 조직에서는 고객의 관점이나 경쟁사의 시각에서 조사하고 분석하여 문제를 해결해 나갈 수가 있다. 역지사지의 정반대는 아전인수我田引水로 자기만 먼저 생각함을 이른다. 이것은 상대와의 전면전이나 법적 대립을 할 경우에만 사용해야 하는 것으로 원만한 해결을 하는 데는 적절하지 않다.

비즈니스란 목적으로 가지고 전략적으로 행하는 일이지만, 결국은 사람이 하는 일이다. 사람이 엮인 일은 마음이 움직여야 한다. "평안감사도 저 싫으면 그만이다"라는 말처럼 큰 수익이 걸린 일에도 마음이 상하는 사소한 일로 패착을

겪는 경우가 적지 않다.

사람의 마음을 움직이는 감동을 어떻게 만들어낼 것인지도 리더가 안고 있는 하나의 과제이다.

귀를 닫은 리더에게
남는 사람은 없다

리더에겐 싫은 소리, 쓴소리를
내색하지 않고 들어주는
인내심이 필요하다.
- 중국 철학자, 순자

전쟁 중에도 소통의 통로는 열려 있었다

국가 간 경쟁이 치열했던 중세에는 전쟁이 잦았다. 중세 시대에는 왕뿐만이 아니라 귀족들도 권력이 있었기 때문에 권력과 영토를 빼앗기 위한 전쟁이 더 잦을 수밖에 없었다. 그 외 종교적인 이유로도, 경제적인 이유로도 전쟁은 일어났다. 창칼만을 가지고 견고한 요새를 무너트려야 했던 전쟁은 성을 사이에 두고 적과 아군이 장기간 대치하는 경우가 많았다. 목숨을 건 싸움이었지만, 밤이 깊은 시간에는 소수의 적군과 아군이 만나 물물교환을 하며 소통했다. 서로 죽여야 하는 전쟁에서 암묵적으로 이를 허용한 것은 적군이든 아군이든 인간으로서 생존해야 했기 때문이다.

소통 단절의 시대다. 가족들은 각자의 방에서 모바일 기기로 자신이 선호하는 채널을 시청하고, 연인들은 서로 마주앉아 각자 휴대폰을 들여다본다. 길을 걸으면서도 이어폰을 꽂고 원하는 소리만을 듣는다. 그러나 전쟁 중에도 길을 트고 소통했듯, 누군가와 이야기를 나눈다는 것은 인간으로서 무엇보다 중요한 일이다.

특히 지금은 집단 지성이 필요한 때다. 정보나 지식은 사람보다 인공지능^AI이 훨씬 더 낫다. 미국의 법조계에서는 이미 인공지능 변호사가 활약하고 있다. 변호사 업무 중 큰 비중을 차지하는 것이 판례를 찾는 일이다. 비슷한 사건에 대해 과거 판사가 어떤 판결을 했는지를 알면 변호에 큰 도움이 되기 때문이다.

여러 명이 두꺼운 판례집 수십 권을 붙잡고 며칠 밤을 새우던 일을 이제는 인공지능이 몇 분 만에 해내는 세상이다. 그렇다면 지금 우리에게 필요한 것은 지식이나 정보가 아니라 상상력과 창의력이다. 비록 창칼을 들지 않았지만, 과거

못지않은 험악한 경쟁 사회를 함께 뚫고 나가야 하는 동지가 구성원들이다. 그들과 함께 영역과 영역을 넘나들고, 서로의 아이디어를 보완하고, 수정하고, 발전시켜 나가야 한다. 이를 위한 기본 전제가 먼저 남의 말을 듣고, 의견을 나누는 소통이다.

리더의 귀는 사통팔달이어야 한다

소통 능력은 리더에게 중요한 자질이다. 보고, 듣고, 말하는 것을 넘어 상대의 마음을 읽는 것까지가 진정한 소통이다. 그래서 소통에는 협력이 필요하고, 마음을 나누고자 하는 의지가 있어야 한다.

탄탄한 조직을 만들기 위해서는 언로가 막혀서는 안 된다. 리더는 부서 간 칸막이를 없애고, 직급을 떠나 어떤 직원이라도 자유롭게 소통할 수 있는 여건을 마련해야 한다. 조직 발전을 위한 아이디어라면 언제라도 이야기할 수 있어야 한다. CEO의 사무실 문턱도 최대한 낮춰야 한다. 동시에 어떤 이야기라도 들을 수 있는 귀를 가져야 한다. 직원 누구라도 좋은 제안이나 의견이 있으면 CEO에게 제안할 수 있어야 한다. 이메일이나 소셜 미디어를 통해 수시로 구성원들이 좋은 의견을 보낼 수 있도록 대화의 채널을 열어놓는 것은 물론 CEO와 개별 면담이 가능하게 하는 것도 좋다. 구성원들과의 소통은 가능하면 최대한 편안하게, 상대를 인정하면서 해야 한다. 마치 지구상에 단둘이 존재하는 것처럼 따뜻하고 열린 마음으로 말이다. 의견이 접수되면 CEO는 가능한 한 즉각적으로 반응하는 것이 좋다.

리더는 엉뚱하다고 생각되는 의견이라도 경청할 필요가 있다. 말도 안 되는 아이디어를 살짝만 뒤집으면 굉장한 아이디어가 될 수도 있다. 일본 속담에 "총 솜씨가 서툴러도 여러 번 쏘면 한 방은 맞는다"라는 말이 있다. 질보다 많은 양을 내다 보면 썩 괜찮은 아이디어가 나오기도 한다. 그런데 "이런 걸 아이디어라고 내?"라거나 "매번 뜬구름 잡는 소리만 하는군"이라며 무시하거나 핀잔을 주면 그 이후로는 조직원 스스로 자기 검열을 거치게 되고, 선뜻 아이디어를 내지 않게 된다. 리더는 소통의 채널을 열어두고, 각양각색의 개성을 가진 이들이 서로 자유롭게 의견을 낼 수 있는 분위기를 만들어줘야 한다.

직원과 사장이 통해야 회사도 통한다

세대 간 소통의 대표 아이콘으로 나는 EBS의 펭수를 꼽고 싶다. 펭수는 존댓말 캐릭터지만, 어린이 팬들이나 사장이었던 나를 존칭 없이 친구처럼 부른다. 내 이름을 거침없이 외치는 펭수에게 처음에는 당황했던 것은 사실이다. 당시 여덟 살의 펭귄이 할아버지뻘인 내 이름을 부르다니…. 현실에서는 결코 생각할 수 없는 일이었다. 하지만 나는 펭수가 부르는 내 이름에 곧 익숙해졌다.

당시 나는 시대적 감성 코드를 찾아낸 젊은 제작진들의 방향성을 존중하고 순순히 받아들였다. 내가 제작진에게 왜 무례하게 사장 이름을 막 불러대냐고 불만을 표현했다면 아마도 펭수의 국민적 인기와 사랑은 없었을지 모른다. 펭수는 기성세대에 반하는 캐릭터이기에 콘텐츠 속에서 나에 대해 어떤 이야기를 해도 전혀 개의치 않았다. 그냥 내버려 두었다는 표현이 맞을 것이다. 나와 펭수 사이에는 말은 하지 않았지만, 서로를 신뢰하는 무엇인가가 있었다. 적어도 나는 펭수를 믿었고, 표현의 자유라고 받아들였다. 시도 때도 없이 소환하는 사장에 대해 만일 내가 건건이 언급했다면 펭수의 애드리브에 제약을 주었을 것이다.

사장 퇴임 후인 2022년 8월 6일 펭수가 세종대학교 대양홀에서 첫 팬 미팅인 '팔월 애愛'를 개최하였다. 팬 미팅은 3,000여 전석이 매진됨으로써 펭수의 여전한 인기를 새삼 확인하는 기회가 되었다. 나는 제작진의 요청으로 간단한 축하 영상 편지를 보냈다.

며칠 뒤 이슬예나 PD로부터 전화가 왔다. 그날 팬 미팅에서 나에 대한 펭수의 표현 수위가 너무 심했다고 생각했는지, 담당 PD가 직접 전화하지는 못하고 선배인 이슬예나 PD에게 부탁해 내 심경을 살폈던 것이다.

나중에 들은 얘기로는 팬 미팅에서 "김명중 사장, 은근히 방송쟁이", "김명중, 오늘 왜 안 왔어!"라는 식으로 나를 희화화하고 이름을 부르며 농담거리로 만들었다는 것이다. 나는 펭수의 표현 그 자체를 "사실 여부와 상관없이 존중하니 걱정하지 마라, Don't Worry, Be Happy"라고 답했다. 아마 펭수도 다 믿는 구석이 있으니 마음대로 이야기했을 것이다.

회사의 가치는 직원들에 의해 결정된다. 시청자는 거침없이 사장 이름을 불러대는 펭수를 통해 위계에 따른 권위주의의 종막을 가져온 것으로 인식했고, 행복해했다. 사장과 직원 간에 주눅 들지 않고 수평적 관계 속에서 대화할 수 있는 것이 직장인들에게는 큰 울림으로 다가간 것이다. 리더의 용인과 수용으로 펭수는 조직 내의 수평적 커뮤니케이션을 외치는 전도사처럼 인식되었고, '싸가지 없는' 펭수는 시대의 아이콘이 되었다.

젊은 세대는 가르칠 상대가 아니라 배워야 할 대상이다

과거에는 지위나 연령에 따라 위계질서가 분명하게 확립되어 리더들의 조언이나 지식이 젊은 사람들로부터 인정받고 신뢰를 받았다. 젊은 세대들은 나이가 많으며 경험이 많고 지위가 높은 사람을 존경하고 배우려고 했다.

디지털 기술과 정보 기술이 발전하지 않은 당시에는 기성세대들의 정보와 지식이 중요할 수밖에 없었다. 그들의 경험과 바탕으로 문제를 해결하고 전략을 수립해야 했기 때문이다. 조직에서도 시대적 변화에 따라 영업, 인사, 재무, 기술 전문가들이 리더로서 많이 각광을 받았으나 오늘날의 사회 환경에서는 아무리 특별한 전문성을 갖고 있어도 감성 경영을 실천하지 못하면 구성원들의 존경과 신뢰를 받는 데 한계가 있다.

이제는 시대가 변했다. 디지털 네이티브 세대들이 기성세대들보다 더 쉽고, 빠르게 인터넷, 소셜 미디어 그리고 앱 등을 활용하여 더 많은 정보를 확보하고 글로벌 트렌드를 파악한다. 위계보다는 평등과 다양성을 중요하게 인식할 뿐만 아니라 환경, 젠더, 인권 문제 등에 있어서도 기성세대들보다 더 민감하게 반응한다. 오히려 리더들이 다양성을 존중하고, 민감한 사회적 문제들을 이해하기 위해서는 젊은 세대들로부터 이해하고 배워가야 한다. 또 창의적인 사고와 지속적인 혁신을 추진하고 새로운 솔루션을 찾기 위해서는 젊은 세대들의 참신한 아이디어가 매우 중요하다.

성공적인 리더십의 핵심은 자유로운 소통이다

기업에서는 기존 서비스의 경계를 허물고 새로운 영역으로 확장하고 있다. 과거의 경험에 의존하지 않고 새로운 정보 유통 기술을 기반으로 한 비즈니스 모델을 만들어가는 데 젊은 직원들의 창의성은 필수적이다. 선배들은 하던 일을 훨씬 더 잘할 수 있으나 사회의 변화에 부응할 수 있는 신규 사업은 젊은 구성원들이 더 좋은 아이디어를 낼 수 있다.

나는 펭수가 현대의 리더와 조직원 간의 이상적인 모습을 잘 보여준다고 생각한다. 직원과 사장이 친구처럼 언로가 막히지 않고 장애물 없이 대화하고 의견을 개진할 수 있어야 성과도 나고 회사도 발전할 수 있다. 펭수 에피소드마다 달리는 수천 개의 댓글을 보면 많은 직장인이 펭수와 나의 관계를 부러워하고, 자신의 직장에도 이 같은 바람이 불었으면 하는 기대를 담은 글들이 보이기도 한다. 일부 사람들은 펭수가 소속사 사장을 대하는 태도가 불만스러웠을 수도 있으나 이제 세상이 변했다는 사실을 받아들여야 한다. 젊은 세대들과 막힘 없는 소통을 통해 서로 이해하고 협력해야 한다. 젊은 구성원들은 CEO나 임원들과도 수평적 관계에서 열린 소통 방식을 갈구하고 있다. 몇 단계 거치는 과정에서 자신들의 의견이 윤색되고 퇴색되어 전달되기보다 직접 소통하는 방식을 원하는 것이다.

"사장님이랑 편해야지 회사도 잘되는 겁니다!!!"라는 펭수의 주장처럼 과장, 부장, 임원 등 소위 상급자들과의 불공평하고 일방적인 소통 방식에서 벗어나 자유롭게 대화할 수 있는 여건이 만들어져야 할 것이다.

리더는 엉뚱하다고
생각되는 의견이라도
경청할 필요가 있다.
말도 안 되는
아이디어를 살짝만
뒤집으면 굉장한
아이디어가 될 수도 있다.

창의성에는 용기도
필요하다

승리는 결코 최종적인 것이 아니며,
실패는 결코 치명적인 것이 아니다.
중요한 것은 용기이다.
- 미국의 농구 감독, 존 우든

중요성을 캐치 못 하면 성공적으로 일할 수 없다

아리랑TV 재직 때였다. 불가리아 볼로냐 지방에 아리랑TV가 케이블 방송으로 나가고 있었다. 그런데 어느 날 케이블 사업자가 보는 사람이 없다며 아리랑TV의 송출을 끊어버렸다. 이와 관련하여 현지인 여성 한 분이 회사로 편지를 보내왔다. 자신은 아리랑TV를 보면서 한글을 배우고, 한국 음식과 문화를 접하는데 방송이 중단되어 너무 아쉬웠다, 그래서 자신이 직접 주민 250여 명의 서명을 받아 현지 케이블 방송사에 제출하여 드디어 아리랑TV 프로그램을 다시 볼 수 있게 되었다는 내용이었다. 그녀는 편지와 함께 서명자 리스트를 우편으로 보내왔다.

나는 이 사건이 아리랑TV에 커다란 기회라고 직감했다. 인위적으로 꾸민 것도 아니고, 현지에서 실제 방송을 보는 사람이, 그것도 수백 명의 서명까지 받아준 것이다. 아리랑TV의 존재 이유를 알려주는 이보다 더 생생한 증언이 어디 있겠는가. 일부러 증언을 얻기 위해 발로 뛰어다녀도 250명의 서명을 받는 것은 녹록지 않은 일이다.

나는 이 사건이 조직을 위해 매우 소중한 소재라고 생각하여 본부장에게서 그 일을 받아 직접 다양한 홍보 방안을 마련하였다. 편지와 서명을 들고, 국회에서 마케팅을 하고, 신문에 기사화도 하고, 음악가 가족이었던 그녀와 그녀 남편, 딸을 한국으로 초대해 국회의원 초청 음악회를 열기도 했다. 이런 일련의 행동은 다음 해 아리랑TV 예산을 따는 데 큰 힘이 되었다.

오프로드를 달릴 수 있는 역량을 키워라

사람은 인성도 중요하고, 역량도 중요하다. 일은 잘하는데 게으른 사람이 있다. 도전적이지 않고, 새로운 일을 기피한다. 공기관에는 열심히 공부해서 좋은 대학에 들어가 어려운 시험을 통과해 들어온 사람이 대부분이다. 이들은 계속 고속도로만 달려왔던 사람들이다. 고속도로에서는 베스트 드라이버지만, 고속도로가 끊기고 정글로 들어가면 방향을 잃고 만다. 한 번도 그런 길을 달려본 적이 없기 때문에 적응하지 못한다.

나는 위기 상황에서 진가를 발휘할 수 있는 잠재력, 도전 정신을 높이 산다. 큰 회사에서 관리만 하다 보면 아이디어가 없다. 직원 관리는 잘할 수 있을지 몰라도 아이디어를 내지 못한다. 그런데 작은 조직일수록 아이디어는 더 필요하다. 그래야 조직이 성장할 수 있기 때문이다.

똑같은 일만 계속하다 보면 어떤 것이 기회가 되는지, 중요한 포인트인지 알지 못하는 경우가 있다. 특히 관리가 그렇다. 조직 내부 일은 잘하지만, 거기에서 조금만 벗어나면 어떻게 처리해야 할지 오리무중이 되어버린다. 머리가 나빠서가 아니라 훈련이 되어 있지 않기 때문이다. 편안한 길만 걸었기 때문이다. 정글에 들어가더라도 길을 찾아서, 앞으로 나아갈 수 있는 힘은 평소 하던 일만 해서는 기를 수가 없다. 평소 자동차만 타던 사람이 산악자전거나 산악 오토바이를 어떻게 탈 수 있겠는가. 하지만 한번 산악자전거의 스릴에 빠지면 헤어나지 못한다. 도전 정신이 있는 사람은 그런 위험을 즐길 줄 안다. 오프로드를 잘 달릴 수 있는 힘, 그런 조직의 역량이 필요하다.

펭수가 전 연령, 20~30대는 물론 어린이와 중장년층의 마음까지 사로잡으면서 한 시대를 대표하는 캐릭터가 된 것은 오프로드를 달릴 각오, 경계와 금기를 뛰어넘은 용기라고 생각한다.

독일에서 잠시 방문한 네 살짜리 손녀가 펭수 콘텐츠를 보다가 왜 펭수가 할아버지 이름을 막 부르느냐고 해서 당황한 적이 있다. 네 살 손녀가 보기에도 펭수가 할아버지 이름을 막 부르는 것은 이해가 되지 않는 듯했다. 하물며 교육 방송에서 금기를 깨는 일은 쉽지 않았을 것이다. 하지만 제작진은 지금까지 의식, 무의식으로 가둬왔던 EBS 프로그램의 한계와 안전선을 뛰어넘는 '용기'를 발휘해서 혁신적인 콘텐츠를 성공시켰다. 점차 실시간 TV 시청이 감소해 가는 시기에 미래 콘텐츠의 성공 사례를 만들어낸 것이다. 이러한 용기가 EBS가 모바일 퍼스트시대의 콘텐츠 리더로서 위상을 확보할 수 있게 했다고 믿는다.

어깨에 힘이 들어가면 홈런을 칠 수 없다

내가 펭수 PD에게 주문한 것은 이 한 가지였다.

"과속하지 말고, 오버하지 말라."

펭수를 만들 때 성공을 확신했지만, 모든 경우의 수를 생각해야 하는 리더로서 실패도 염두에 두어야 했다. 그래야 어떤 상황이 발생하더라도 유연성 있게 대처할 수 있기 때문이다. 그래서 제작진에게 실패를 두려워하지 말고, 최선을 다하라고 부탁했다.

반드시 성공해야 한다는 말은 제작진들에게 큰 부담이 된다. 마치 야구선수가 홈런을 꼭 쳐야겠다고 마음먹으면 어깨에 힘이 너무 들어가 실력 발휘를 못하는 것처럼 말이다. 성공이라는 중압감이 과도하게 작용하고, 빨리 성공하려고 하다 보면 자칫 콘텐츠에 무리수를 두게 되고, 그러다 보면 교육 방송이 어떻게 이럴 수 있느냐는 비판을 받을 수도 있다. 따라서 너무 조급하게 생각하지 말고, 계획대로 차근차근 콘텐츠를 만들어가라는 부탁이었다. 또한 불확실한 상황에서도 실패를 두려워 말고, 과감한 도전과 용기 내기를 바라는 마음이기도 했다.

펭수도 단번에 성공한 사례는 아니다. EBS 웹드라마가 있었으나 크게 성공하지 못했다. 펭수는 모바일 퍼스트 시대에 구성원들이 함께 고민과 시행착오를 통해 만들어낸 결과물이다. 이전의 경험을 기반으로 교육 방송이라는 테두리를 벗어나 플랫폼의 특성에 맞는 콘텐츠를 제작하기 시작한 것이다.

한 번도 해보지 않은 것을 처음부터 잘하겠다는 것은 욕심이다. 마치 야구를 모르는 초보가 만루 홈런을 때리겠다는 포부와 같다. 스윙아웃도 해보고, 번트도 실패해 보면서 역량은 길러진다.

직원이 가지고 있는 경계와 한계선을 뛰어넘고 잠재된 역량을 끌어낼 수 있도록 분위기와 여건을 조성해 주는 것이 리더의 몫이다. 젊은 직원들이 집단 지성을 통해 마음껏 떠들 수 있도록 하고, 거기에서 옳다고 판단되는 것을 계속 콘텐츠로 만들어낼 수 있어야 한다.

결국 이러한 환경과 이전의 실패를 거울삼아 새롭게 시도한 콘텐츠 펭수는 크나큰 성공을 거두었다. 실패가 성공의 선행조건이 될 수는 없지만, 시행착오를 통해 우리는 많은 것을 배우고 자신에 대한 현실 인식을 철저히 하게 된다.

경험은 기성세대, 기술 적응력은 젊은 층이 뛰어나다

많은 직장에서 운영하고 있는 주니어 보드junior board는 의미가 크다. 주니어 보드는 중견 간부인 과장급 이하의 직원들로 구성된 청년중역회의라 볼 수 있다. 리더가 젊은 세대들과의 소통을 위해 격식 없는 소통의 기회를 자주 마련하고, 가감 없는 실무자들의 목소리와 요구사항에 귀 기울이는데 좋은 제도다. 젊은 층의 장점은 순발력과 창의력, 그리고 정보 수집과 공유의 신속성 등이 있다. 일을 스마트하게 하고, 위계에 따른 상명하복보다는 자연스럽게 자신들의 의견을 눈치 보지 않고 표현하는 민주주의적 소통을 중시한다.

조직의 성장과 발전을 위해서는 과거의 경험도 중요하지만, 변화된 사회 환경 속에서 민첩하게 대응해 나갈 수 있는 MZ세대들의 역할이 그 어느 때보다도 중요하다. 똑같은 업무에 걸리는 시간을 봐도 그렇다. 기성세대들이 일주일에 걸려 하는 일을 젊은 직원들은 몇 시간 만에 뚝딱해 내기도 한다. 일을 처리하는 속도가 다르다. 연륜과 경험은 기성세대가 뛰어날지 모르지만, 기술에 적응하는 능력은 젊은 층이 훨씬 뛰어나다. 세상이 수직적인 사회에서 수평적인 사회로 변화하고 있으므로 이를 바탕으로 리더는 MZ세대와 적극적으로 소통하면서 공감대를 넓혀가 조직 발전의 중추 세력으로 성장시켜 나가야 한다.

스타 직원이 생겨나면 리더 후보군이 늘어난다

유능한 신입 사원을 채용하여 인재를 제대로 키우지 못하면 조직은 발전할 수 없다. 그러므로 인재들의 잠재력을 키워낼 수 있는 선배들의 티칭과 코칭뿐만 아니라 인재를 키워낼 방안을 모색하는 노력이 있어야 한다. 또한 인재를 적재적소에 배치하고 인재 관리 프로그램도 촘촘하게 수립하여 업무 역량을 지속적으로 끌어올려야 한다.

세계적으로 한국의 여자 골프는 막강하다. 여자 골프는 45년 전인 1978년에 한국 프로골프협회 내 여자 프로부가 신설되면서 시작되었다. 그동안 많은 여자 골프 선수들이 세계 대회에서 우승했지만, 가장 먼저 떠오르는 것은 여자 골프계의 전설인 박세리 선수가 아닐까 한다.

대한민국이 외환 위기인 IMF 사태를 맞아 대혼란과 좌절의 시기를 보내고 있을 때, 박세리 프로 골퍼는 'LPGA챔피언십, US 여자오픈'에서 우승하여 골프 스타로 당당히 세계에 이름을 날렸다. 많은 사람들이 1998년 US여자오픈 골프대회에서 맨발 투혼을 펼쳤던 박세리 선수를 기억하고 있을 것이다. 역경에서도 포기하지 않고 양말을 벗고 물속으로 들어가 골프공을 쳐냈던 박 선수는 극적인 역전승을 거두며 국민의 뇌리에 온전히 박혔다. US여자오픈사상 한국 선수로서 첫 우승을 한 박 선수의 나이는 불과 만 21세였다.

모든 국민에게 위안을 줌과 더불어 우리도 IMF를 극복할 수 있다는 자신감을 주었던 박 선수는 LPGA 통산 25승을 달성한 최초의 한국 선수였고, 2007년에는 프로 골퍼 최고의 영예라고 부르는 'LPGA 명예의 전당'에 아시아인 최초로 가입하였다. 당시 박세리 선수를 롤모델로 삼은, 소위 박세리 키즈들이 대거 등장하기도 했다. 박 선수의 성공과 업적에 영감을 받아 골프를 시작한 한국의 꿈나무들로 인해 이제 한국은 세계 최강의 여자 골프 실력을 가진 나라가 되었다.

조직 내에서도 스타가 등장하면 이는 동료나 후배들에게 동기를 부여하게 된다. 스타 직원이란 괄목할 만한 성과를 낸 직원으로 승진이나 포상 등 인센티브를 받은 경우를 말한다. 스타 직원이 탄생하면 그 자극으로 스타 직원과 유사하거나 혹은 더 나은 성과를 내기 위해 노력하는 직원들이 늘어나게 된다. 그로 인해 직원 간 선의의 경쟁이 확대되어 조직에 활력을 불어넣을 수 있다.

또 스타 직원이 등장하면 그들을 롤모델 또는 멘토로 삼아 자신의 역량을 키워가려는 직원의 노력이 자연스럽게 뒤따르게 된다. 따라서 큰 성과를 이룩한 구성원에게는 상응하는 인센티브가 뒤따라야 하고, 그 성공 사례를 구성원과 공유하여 조직 문화로 승화시킬 수 있어야 한다. 그러나 나무가 크면 그늘도 그만큼 큰 법이다. 스타 직원이 되는 순간 파격적인 조건으로 스카우트하려는 외부의 유혹이 끊이지 않기 때문이다. 그럼에도 기업은 전략적으로 특성에 맞는 스타 직원을 만들어낼 필요가 있다.

생각은 이해시킬 수 있으나
마음은 얻어야 한다

지속적인 긍정적 사고는
능력을 배가시킨다.
- 미국 전 국무부 장관, 콜린 파월

조직의 성공을 위해서는 나를 내려놓아야 한다

나는 비교적 내성적인 편이다. 처음 만나는 사람들에게 적극적으로 나를 어필하기보다는 시간을 갖고 서로를 천천히 알아간다. 어릴 때를 떠올려도 초등학교 수업 시간에 선생님이 "답을 아는 사람, 손들어 보세요!" 하면 다른 친구들은 "저요, 저요!" 하고 손을 드는데, 나는 손을 들지 않았다. 그런 탓인지 가끔은 너무 말수가 적어 과묵하다는 이야기를 듣는다.

펭수 이전까지 나는 신문이나 방송에 노출되는 것을 최대한 자제하면서 살아왔다. 신문이나 잡지에 자발적 기고는 거의 한 기억이 없고, 방송에도 심야 토론, 미디어 관련 이슈 그리고 지역 TV 방송사에 몇 번 출연한 것을 제외하면 개인적인 노출은 거의 없는 편이었다. 그런데 펭수가 방영되고 얼마 지나지 않아 제작진의 요청으로 방송에 출연하게 되었다.

펭수로 인해 얼굴이 알려지면서 나의 의도와는 전혀 무관하게 나를 알아보는 사람이 많아졌다. 얼굴이 알려지면서 개인적으로는 불편한 점들이 많아졌다. 특히 젊은이들이 나를 알아보고 사진을 찍거나 사인을 부탁하기도 한다. 식당에서 만두를 서비스로 받은 일도 있었고, 펭수 팬이 직접 제작한 귀한 선물을 회사로 보내온 적도 있다.

집안일로 성당이나 요양원에 가면 펭수를 전혀 모를 것 같은 신부님이나 수녀님들도 나를 보고 아는 체를 한다. 요즘도 길거리를 가다 보면 젊은이들이 꾸벅 인사를 하면서 나를 확인하기도 하고, 카페에서 사진을 찍자고 하는 등 사생활에 제약이 많이 따른다.

나는 남들이 나를 알아보는 것이 즐겁기보다는 불편할 때가 많다. 만약 내가 정치에 관심이 있었다면 큰 자산이겠지만, 원래 정치와 거리가 먼 사람이라 기쁘다고만 하기는 어렵다. 처음부터 이런 사실을 몰랐던 것은 아니다. 만약 펭수가 성공한다면 생활에 불편함이 있을 것쯤은 알고 있었다. 그런데도 내가 출연을 수락한 것은 오로지 펭수의 성공을 위해서였다. 조직의 이익과 성공을 위해서 리더는 선택지가 없다. 개인의 불편쯤은 감수해야 한다.

간혹 중소기업의 CEO 중 회사의 상품을 홍보하기 위해 직접 광고에 나서는 경우가 있다. 그들이 모두 나서기 좋아하는 성격은 아닐 것이다. 본인의 성향과는 어울리지 않지만, 전략상의 필요로 기꺼이 자신을 내려놓는 것이다. 어떨 때는 자존심을 내려놓아야 할 때도 있다. 그것은 선택이 아닌, 필수 사항이다.

진정성에서 중요한 것은 말보다 행동이다

EBS 사장 이임식에서 펭수가 '김명중 가지 마'라고 쓰인 띠를 두르고 등장해 화제가 되었던 적이 있다. 나는 이것이 단순히 콘텐츠만을 위한 퍼포먼스가 아니라고 생각한다. 나와 펭수 간에는 그간 쌓아 올린 믿음이 있었고, 서로를 아끼는 존재라는 것을 확인한 결과물이라 생각한다. 펭수가 시도 때도 없이 나를 불러낼 수 있었던 것은 무슨 이야기를 해도 내가 이해하고 응원할 것이라는 믿음이 있기 때문일 것이다. 나 역시 펭수가 사장인 나를 믿고 일어설 수 있다면 그 자체로 즐거운 일이라 여겼다. 이 모든 것은 진심에서 우러나서 한 행동이었다.

나는 진정성을 가지고 펭수를 대했고, 펭수나 펭수 제작팀들의 애로 사항을 귀담아듣고 해결하기 위해서 노력했다. 나 스스로 수천 개의 댓글을 읽으며 펭수와 공감하고, 구독자들의 트렌드를 파악하는 데 게을리하지 않았다. 또 잘한 일이 있을 때는 공개적으로 칭찬하고 격려했다.

나는 EBS 재직 당시 방송 프로그램을 어느 직원보다 많이 보고, 본방을 사수하는 데 열심이었다. 좋은 프로그램을 보면 뿌듯한 마음에 담당 PD나 본부장에게 전화해 좋은 프로그램 만드느라 고생한다고, 시청자들에게 좋은 콘텐츠를 선물하여 고맙다는 말을 전했다. 시간이 지나면 시청 직후에 느낀 생생한 감동이 반감될 것 같아 방송이 끝난 직후 곧바로 전화하곤 했다. 다음 날 회사에 가면 사장이 프로그램 관계자들을 칭찬했다는 소문이 다시 내게로 들어왔다. 그만큼 담당자들이 기뻐했다는 증거일 것이다.

유대교 경전 《탈무드》에는 "고마우면 고맙다고, 미안하면 미안하다고 큰 소리로 말하라"라는 격언이 있다. 고마운 사람에게는 반드시 고맙다는 마음을 표현하고, 미안한 사람에게는 미안하다고 사과하는 행동이 필요하다.

아무 말도 하지 않으면 누구도 고마운 마음을 알아주지 않고, 내가 미안해한다는 것을 모른다. 상대가 나의 처지를 잘 헤아려 내가 느끼는 고마움 혹은 미안함을 알아주길 기대하기란 어렵다. 그래서 나는 학생들에게도 항상 작은 일이라도 고마운 일이 있으면 말로 표현해야 한다고 가르친다.

진심을 담아 말로 하는 것은 돈이 들지도 않고 어려운 일도 아니다. 말 한마디에 진정성을 담는 것도 중요하지만, 그보다 더 중요한 것은 진심 어린 행동이다. 보고 싶다고 말하는 것과 보고 싶어 진짜 달려가는 것은 다르다.

만약 내 행동에 진정성이 결여되었다면 상대는 어떤 형태로든 그것을 꿰뚫어 볼 것이다.

진심을 담으면 작은 행동도 크게 다가간다

사람들은 큰일에 분노하고 은혜를 입어야 감동한다고 생각하지만, 그보다는 사소한 일에 분노하고 작은 일에 감동하는 편이 훨씬 많다. 농담, 장난스러운 말, 작은 몸짓 하나로도 마음에 상처받을 수 있는 것처럼 웃음, 감사의 말 한마디, 사소한 선물 하나로도 감동하는 것이 사람이다. 평소 이런 작은 감정이 쌓이면 리더에 대해 좋은 감정이 쌓이고, 리더에 대해 좋은 감정을 가지면 어려운 일이 생겨도 기꺼이 회사를 위해 일하게 된다.

EBS가 원격교육 시스템을 맡으면서 2021년 2월부터 3개월간 단 하루도 쉬지 못하고 직원들과 함께하며 긴박한 순간들을 보내던 때였다. 외부 협력사에서 파견되어 밤샘하던 여직원이었던 것으로 기억한다. 하루는 그날이 그 직원의 생일이라는 사실을 저녁 늦게서야 알게 되었다.

가게가 문을 닫은 늦은 시간이어서 여러 곳을 찾아다닌 끝에 어렵사리 꽃과 케이크를 준비할 수 있었다. 내가 카드에 생일 축하와 노고에 대한 감사의 마음을 담아 전했을 때 어리둥절해하던 직원의 모습을 기억한다. 사장이 직접 꽃과 케이크를 사서 전하는 모습이 생소했던 것 같다. 생일을 맞은 직원은 깜짝 이벤트에 매우 고마워했다. 사장이 본인의 노고를 인정하고 기억하고 있다는 것을 느꼈기 때문일 것이다. 실제 현장에서 고생하는 직원이 진심으로 고마웠다. 늦게라도 그 직원의 생일을 챙긴 것은 당사자 한 사람뿐만이 아니라 다른 직원들에게도 갖고 있었던 고마움을 간접적으로 표현한 것이었다.

어떤 직원은 온라인 시스템 구축작업을 하다 과로로 입원까지 하였다. 코로나19 상황이 위중하여 병문안이 금지된 상태였다. 할 수 없이 마음을 담아 과일 바구니를 보냈다. 그간 헌신적으로 일한 그 직원의 노력에 항상 고마운 마음을 갖고 있었는데, 말로만 매번 수고한다고 격려했던 것이 진심으로 미안했다.

나는 직원들이 출산해도 꼭 축하 선물을 보낸다. 그러면 직원 가족들이 사장이 직접 챙길 정도로 회사에서 당신이 그렇게 소중하고 유능한 인재냐고 묻는다며 고마움을 표하기도 한다. 추석과 설 명절에도 개인적으로 의미 있는 선물을 준비해 함께 수고해 준 부서장과 특별히 노고가 많았던 직원에게 전달한다. 그동안 함께하면서 힘을 합해준 구성원들에게 고마움을 표하는 나의 작은 성의다. 퇴사 후 어떤 부서장은 매번 선물했던 프랑스 와인에 대해 언급하며, 특히 아내가 좋아했다는 말을 전해 주었다. 고마운 마음을 약소하나마 표현하는 것에 불과하지만, 사장이 주는 선물이어서 집에 가면 이야깃거리가 되는 듯했다.

머리는 차갑게, 가슴은 따뜻함으로 채워라

왜 군이 사장이 직접 나서서 직원들을 챙기냐고 하는 사람도 있을 것이다. 누군가는 전략적 혹은 가식적이라고 폄훼하는 사람도 있을 것이다. 하지만 나는 이 모든 일을 기쁨으로 한다. 해보면 알겠지만, 진심이 없으면 소소한 일까지 챙기기 쉽지 않다. 나의 이런 진정성이 통했는지 EBS 사장 임기를 마친 뒤 얼마 지나지 않아 나와 함께 일했던 부서장 10명이 영상 편지를 보내왔다. EBS의 존재 가치를 높이고, EBS가 정말 멋진 곳이라는 것을 알게 해준 것에 대해 감사하다는 말과 함께 온화한 리더십을 많이 배웠다는 내용이었다. 내겐 그야말로 서프라이즈였다. 무척이나 감동이었다.

리더는 이성적으로 냉철함을 유지해야 하지만, 마음은 따뜻함과 배려심으로 채워야 한다. 사람과의 관계에서는 가능하면 온기가 있는 것이 좋다. 나는 아들에게는 가능하면 따뜻한 아빠, 무슨 일이 있어도 다 들어주고 함께 고민하는 아빠가 되려고 한다. 직장에서는 상대를 존중하고, 대화를 하고 나면 기분 좋아지는 그런 사람이 되려고 노력한다. 그럼에도 불구하고 여전히 부족함을 느낀다.

제자가 책을 출간하는데 서문을 부탁하면 여유가 없어도 시간을 내서 정성을 다해 써서 보내고, 십여 년 전 함께 근무했던 동료가 갑자기 타 대학 지원을 위해 추천서를 부탁해도 최선을 다해서 작성한다. 직장에서 해외 연수를 가려는 직원이 있으면, 내가 알고 있는 네트워크를 동원해 조금이라도 도움이 되고자 발을 벗고 나선다.

뛰어난 리더가 되기 위해서는 끊임없는 자기 계발과 노력으로 조직에 필요한 역량을 갖추어야겠지만, 구성원들의 마음을 얻을 수 있는 따뜻함과 타인에 대한 배려심, 인간미가 있어야 할 것이다.

보고 싶다고 말하는 것과
보고 싶어 진짜 달려가는
것은 다르다. 말 한마디에
진정성을 담는 것도
중요하지만, 그보다 더
중요한 것은 진심 어린
행동이다.

존경심이 깃든 마음에
두려움도 자라는 법이다

한 통의 쓸개즙보다
한 방울의 꿀이
더 많은 파리를 잡을 수 있다.
- 미국의 제16대 대통령, 링컨

감정 표출은 가볍지만, 책임의 결과는 무겁다

위대한 탐험가로 불리는 어니스트 섀클턴Ernest Henry Shackleton은 1914년 대원들과 함께 남극에 도전하였다가 얼음에 갇히게 된다.* 총 열여섯 달 동안 얼음 바다에 갇혀 지내며 남극 탐험 사상 가장 처절했다고 일컬어지는 사투를 벌였던 탐험대는 섀클턴의 무모한 도전으로 결국 구조된다. 극한의 상황에 몰린 섀클턴은 1,300킬로미터 거리의 섬까지, 그것도 세계에서 가장 험한 드레이크 해협**을 보트 1척으로 노를 저어 가서 구조를 요청하는 데 성공했다.

위기에 닥치면 사람들의 눈은 리더를 향한다. 리더의 표정을 보고, 말을 듣고, 어떻게 할 것인지 지시를 기다린다. 섀클턴은 죽을지도 모른다는 불안과 공포, 살을 에는 듯한 추위와 배고픔이 이어지는 절박한 상황 속에서 대원을 격려하고 위로하고 지지했다. 묵묵히 리더로서의 역할을 다했다. 살 수 있는 마지막 기회인 보트에서 대원이 노를 놓아버렸을 때도 화내거나 비난하지 않고, 그저 공감하고 다시 힘을 낼 수 있도록 우유를 끓였을 뿐이다.

생과 사를 오가는 경계선에서 섀클턴인들 불안하지 않았을까. 두렵지 않았을까. 아마 섀클턴도 자신이 얼마나 암담한지, 두렵고 불안한지 대원들에게 속마음을 쏟아내고 싶었을 것이다. 하지만 그는 위대한 리더였다. 대원들을 위해 감정을 조절하고, 마음을 다스렸다. 가까스로 구조를 요청할 수 있는 섬에 도착했

---

* 나무위키, 제국 남극 횡단 탐험대 참조.
** 세계에서 폭(650km)이 가장 넓은 해협으로 남아메리카와 남극 대륙 사이에 위치한다. 대서양 서남부와 태평양 동남부를 연결하는 통로이다.

을 때 섀클턴의 머리는 하얗게 세어 있었다고 한다.

리더도 감정 노동자다

다양한 사람들로 구성된 조직 생활은 아무리 잘 관리해도 온갖 잡음과 스트레스
가 뒤따를 수밖에 없다. 여론 조사 기관인 갤럽의 '2023 세계 직장 현황' 보고서
에 따르면 전 세계 직장인의 44퍼센트가 전날 스트레스를 겪었다고 한다.* 리더
는 조직 내의 잡음과 스트레스를 해결해야 하는 사람이다. 그런데 리더가 감정
조절을 못 하고 자기감정을 그대로 드러내면 조직의 분위기는 긴장되고 가라앉
을 수밖에 없다. 특히 리더의 분노는 내부 조직원의 사기뿐만 아니라 회사 이미
지에도 영향을 미칠 수 있다. 분노를 다스리지 못해 비행기를 돌리고, 화를 참
지 못하고 폭력을 행사하다 고소당하는 사건을 접하면서 그들이 잘했다고, 그
럴 만했다며 공감하는 사람은 없을 것이다.

　감정을 뜻하는 영어 'emotion'은 움직인다는 뜻의 라틴어 'movere'에서 나왔
다. 인간의 감정이 희로애락을 번갈아 가며 움직인다는 뜻도 되겠지만, '행복 바
이러스'라는 단어처럼 사람과 사람 사이로 감정이 움직인다는 의미로도 해석할
수 있을 것이다.

　과거 직장인들은 감정 착취의 대상이었다. 상사가 이유 없이 화를 내고 짜증
을 내도 반발하지 못했다. "머리는 장식으로 달고 다니냐?"라는 인격 모독적인

---

* '전 세계 스트레스 심한 직장인 비율 2년째 최고…韓 40%', 연합뉴스, 2023.06.14.

발언을 해도 묵묵히 참아야 했다. 지금은 과거처럼 조직원을 대해서는 곤란하다. 화가 나도 참고, 상대를 이해시키며 이끌어가야 한다. 과거에는 조직원들이 감정 노동자였다면 지금은 리더가 감정 노동자다. 조직 내 일어나는 문제의 사이사이로 얼마나 많은 불만과 하소연과 걱정과 초조함 같은 감정이 오가겠는가. 그 모든 것을 묵묵히 견뎌내고 조직원들에게 활기차고 긍정적인 말을 전달해야 하는 것이 리더다.

섀클턴은 대원들이 자신의 두려움을 눈치채지 못하도록 하면서 훌륭하게 리더로서의 업무를 수행했다. 섀클턴 자신도 두려움과 공포를 느꼈을 것이다. 하지만 다른 대원이 자신에게 영향을 받을 줄 알았기에 감정 표출을 억제했다. 작은 틈새에서 비치는 햇빛이 어두운 방을 밝게 비추고, 아주 작은 틈이 강해 보이는 둑을 무너트리는 것처럼 리더의 기분과 태도, 신념이 알게 모르게 조직 전체에 전달된다. 작은 틈이 회사 분위기를 지배한다는 것을 기억해야 할 것이다.

리더는 화를 다스릴 줄 알아야 한다

유독 화가 많은 사람이 있다. 자기감정조차 다스리지 못하면서 수많은 사람을 이끌 수 없다. 리더는 항상 냉철한 이성을 유지할 수 있어야 한다. 침착함과 객관성을 유지해야 한다. 특히 리더는 화를 다스릴 줄 알아야 한다.

《영웅전》으로 유명한 고대 로마의 그리스인 철학가인 플루타르코스Plutarchos의 윤리론집 《수다에 관하여》에는 '분노의 억제에 관하여'라는 짧은 대화 형식의 글이 실려 있다. 플루타르코스에 따르면 분노란 인간의 허약함에서 비롯된 것으로 자기방어 의지가 강해 영혼이 경련을 일으키는 것이다. 분노가 생기는 것은 마음이 약하고, 불만이 가득하기 때문이다. 자꾸 화를 내다 보면 아예 부정적인 태도가 습관이 되어버려 사소한 일에도 쉽게 흥분하게 된다. 간혹 분노를 활동적이라거나 강직함으로 생각하는 사람도 있지만, 이것은 잘못된 것이다. 화를 낸다는 것은 본인의 옹졸함과 약함을 드러내는 꼴밖에 되지 않는다. 예쁜 목소리로 화를 내는 사람은 없다. 화 때문에 이성을 잃은 사람을 보면 표정은 물론 목소리까지 귀에 거슬린다. 그 모습을 보면 무섭기도 하지만, 한편으로는 우습기도 하다. 분노하는 사람에게서는 그 어떤 기품도 위대함도 찾아볼 수 없다.

나는 '이번 문제는 사장이 정말 화를 내겠구나' 하는 상황에서도 화를 내지 않아 놀랐다는 말을 종종 듣는다. 문제를 방치하거나 해결책을 모색하지 않는다는 의미가 아니다. 분노가 가져오는 문제를 잘 알기에 마음을 다스릴 뿐이다.

물론 나도 인간이기에 화를 내는 경우도 있다. 10년에 한 번쯤 화를 내는데, 이는 이성과 상관없이 본능적으로 터져 나오는 화다. 아주 오래전 택시에서 하차하는데, 아들이 채 내리지도 않은 상황에서 택시가 출발한 적이 있다. 그때는 나도 모르게 화를 냈다. 그런 상황에서 화가 나지 않는다면 내가 이상한 사람일 것이다.

본래 화를 내지 않는 성격이기도 하지만, 조직원이 크게 잘못했을 때는 오히려 더 화를 내지 않는다. 스스로 책임을 통감하고 있는 사람에게 화를 내어봤자 상대방의 마음만 잃을 뿐이다. 그런 경우에는 화를 내기보다 문제부터 해결하고 난 후 당사자를 따로 불러 자초지종을 들은 후 재발 방지를 위해 각별히 주의를 주는 것으로 끝낸다. 물론 여기에 개인의 부정이나 비리는 속하지 않는다.

화는 나와 상대 모두에게 상처를 남긴다

화를 내면 순간적으로는 답답함이 해소되는 듯하지만, 곧바로 후회되는 경험을 한 적이 있을 것이다. 화를 내고 난 후유증은 상당히 길다. 상대가 잘못했더라도 심한 비난이나 질책은 마음의 상처를 남기고, 그 상처는 흉터로 남아 절대로 사라지지 않는다. 화를 낸 당사자 마음에도 상처가 생겨 쉽게 치유되지 않고, 관계는 어색해진다.

석가모니는 "화를 내는 것은 다른 사람의 실수가 자신을 벌주도록 내버려 두는 것"이라고 했다. 플루타르코스도 누군가 잘못했을 때는 가혹함과 분노로 자신을 망가뜨리기보다 잘못을 용서함으로써 상대를 더 나쁘게 만드는 편이 낫다고 했다. 또한 징벌보다는 용서가 개선의 시발점이 된다며, 존경심이 깃든 마음에서만 자기 개선을 수반한 두려움도 자라나는 법이라고 했다.

실제 늘 화가 난 듯 찡그린 표정을 짓고 소리를 지르는 사람보다는 조용히 팀을 이끄는 리더에게 더 기꺼운 마음으로 따르게 되는 법이다. 무자비하게 화를 내고 질책하는 리더를 대하다 보면 실수했을 때 잘못을 뉘우치고 잘해야겠다는 마음보다는 어떻게 하면 잘못을 감출 수 있을까만을 생각하게 된다. 더 큰 문제는 화를 내는 리더CEO보다 야단맞는 직원이 더 옳게 보일 수 있다는 점이다. 플루타르코스는 이성은 약이 아니라 건강식이라고 표현했다. 이성에 익숙해져야 조직이 건강과 활력을 얻을 수 있다.

리더는 사람 꼴을
잘 보아야 한다

리더의 자질은 스스로를 위해
세운 기준안에서
행동하는 것이다.
- 맥도날드 창업자, 레이 크록

나만 옳다는, 사고의 독선을 경계하라

'자리가 사람을 만든다'는 말이 있다. 그러나 공자孔子는 "자리가 사람을 만드는 게 아니라 자리가 그 사람을 보여준다"라고 했다. 즉, 자리에 걸맞게 그 사람이 변하는 것이 아니라 그 사람이 지닌 본성, 참모습을 보여준다는 것이다.

가지고 태어난 본성이라면 어려울 수도 있지만, 몰라서 잘못된 행동을 한다면 예방할 수 있다. 특히 리더의 행동은 조직 구성원 한 사람 한 사람에게 커다란 파급 효과를 주므로 행동에 각별히 주의해야 한다. 리더가 경계해야 할 몇 가지를 소개해 본다.

첫째, 리더는 나만 옳다는 사고의 독선을 경계해야 한다. 세상은 다양화, 다원화, 다변화되고 있다. 정보량도 많아지고, 삶의 방식도 달라졌다. 이런 상황에서 여전히 과거에 사로잡혀 내 지식과 경험만 옳다고 우기는 것은 자칫 우를 범할 수 있다. 지금처럼 급변하는 시대에 내가 옳다, 나만 옳다, 내가 제일 잘한다, 내가 제일 똑똑하다는 믿음은 무척 위험한 사고방식이다.

경륜과 경험이 중요하다고는 하지만, 최신 트렌드와 정보를 간단없이 파악하는 것은 쉽지 않다. 사회적 변화의 속도가 매우 빠르게 움직이고 있을 때는 조금만 정보를 등한시해도 바로 세상의 흐름을 따라잡는 데 한계가 생긴다. 리더는 기술의 변화 내용이 무엇이며, 새로운 기술의 변화가 우리 조직에는 어떠한 영향을 미칠 것인가를 면밀히 살펴보고 그 가능성을 찾아 기회를 포착해야 하는데, 지식의 유통 기한이 짧아지다 보니 여러모로 버거울 수밖에 없다.

지금처럼 빠른 변화의 시대에 늘, 잘 알아야 하는 전문가는 부담스러울 수 있다. 리더라고 모든 분야에 전문가일 수는 없다. 그러므로 전문가가 아닌, 초보자의 마음으로 일에 접근하도록 하자. 초보자는 배우고자 하는 열린 마음만 가지면 된다. 초보자의 마음은 결국 초심이다. 그렇게 매 순간 집중하다 보면 오히려 롱런할 수 있다.

리더라고 해서 모른다고 부끄러워할 필요는 없다. 어차피 모두에게 새로운 기술, 새로운 정보이기 때문이다. 배우지 않으려고 하는 자세가 더 부끄러운 일이다. 좋은 아이디어는 콘크리트 구조를 뚫고 나오기 어렵다. 리더는 자기 생각이 독선으로 흐르는 것을 경계하고, 반드시 조직 구성원과 충분하게 논의하고 일을 진행해야 한다.

조직이 덜컹거릴 때는 먼저 자신을 돌아보라

둘째, 리더는 예스맨들만 발탁해 간부로 임명하는 것을 경계해야 한다. 중국의 철학자 순자荀子는 "훌륭한 지도자는 능력 있는 사람을 골라 쓰고, 나쁜 지도자는 말 잘 듣는 사람을 골라 쓴다"라고 했다. 또 "현명한 군주는 인재를 얻는 데 애쓰고, 멍청한 군주는 세勢를 불리는 데 애쓴다"라고도 했다.

리더라면 좋은 이야기보다는 객관적이며 비판적인 이야기를 하는 사람을 가까이해야 한다. 단물만 취하려고 하면 그 조직은 금세 썩어버리고 만다. 만약 조직이 제대로 움직이지 않고 덜컹거린다면 혹시 예스맨만 가득한 것은 아닌지, 가장 먼저 자신의 주위에 어떤 사람을 두고 있는지 점검해 보아야 한다.

어느 조직이든 상사에 아부하는 사람은 꼭 있다. 그런 사람은 결코 훌륭한 사람이 아니다. 할 이야기는 하지 않고, 좋은 이야기만 하면서 립서비스하는 사람은 오히려 멀리해야 한다. 또 남의 이야기, 험담하는 사람을 경계해야 한다. 조직의 생리상 정점에 앉아 있으면 구성원의 모든 정보가 하나로 모인다. 이것은 듣고자 해서가 아니라 가만히 있어도 이야기가 들린다. 물어보지도 않았는데, 사장실까지 찾아와서 지난밤 술자리에서 있었던 이야기를 전달한다. 이런 말을 모두 귀담아들으면 가까이 둘 수 있는 사람이 없다.

그래서 리더는 사람 '꼴'을 잘 보아야 한다. 인간은 누구나 장단점을 가지고 있다. 장점만 있는, 완벽한 인간은 없다. 조직의 경우에도 개개인의 특성이 있고, 장점들이 다 달라 그때그때 상황에 맞춰 조직원의 장점을 끌어낼 수 있는 리더가 되어야 한다. 저 사람은 이래서 싫고, 이 사람은 저래서 싫고, 그 사람은 이래서 싫다고 불평하기 시작하면 리더 옆에 남아 있을 사람은 없다. '그 사람 입장에서는 그럴 수도 있겠구나'라며 이해해야 한다. 부모의 말도 듣지 않는데, 공동체 사회에서 어떻게 리더의 말에 모두 동조하고 따를 수 있겠는가. 그냥 그럴 수도 있다고 생각하고 받아들여야 한다.

젊었을 때는 원칙을 중시해 학생들에게 매우 엄격하게 대하곤 했다. 그러나 나이가 들수록 '그럴 수도 있지'라는 방향으로 점점 바뀌고 있다. 젊었을 때보다 훨씬 관대해지고 상대를 이해하려는 마음이 커진 것을 스스로 느낀다. 그러므로 리더는 꼴 보기 싫은 사람이 있어도 참을 줄 알아야 한다. 모든 상황이 인용 범위 안에 들어오면 긴장을 덜 하게 되고, 마음이 너그러워져 훨씬 편해진다.

정당하지 않은 편법은 쓰지 말라

셋째, 사익이 있어서는 안 된다. 이 시대에 무엇보다도 중요한 것은 투명성과 윤리성이다. 직원들의 마음을 한곳으로 모으려면 비전이 분명하고 과정이 투명해야 한다. 조직과 CEO가 무엇을 위해 어떤 방향으로 가고 있는지 조직원들이 충분히 알고 있어야 하며, 그 과정이 정당하고 투명해야 한다. 리더 개인의 향후 행보나 이익과 결부될 경우에는 직원들의 진정성을 끌어내는 데 한계가 있다.

특히 돈은 인간 욕망의 근원 중 가장 집요하고 묵직하다. 그러므로 돈과 관련하여 추호의 부끄러움이 없어야 한다. 나는 돈 문제 때문에 자리에서 물러나는 많은 이들을 보았다. 비록 사건이 표면화되지는 않고, 금액이 적다고 해도 돈과 관련된 일은 10년이고 20년이고 그 사람에게 꼬리표처럼 따라다닌다. 특히 공적으로 일하는 사람은 10원 한 장 사익을 위해 사용해서는 안 된다.

나는 법인카드를 사적으로 사용한 적이 없다. 법인카드 사용 내역을 꼬치꼬치 따지는 사람도 없지만, 본인 스스로 떳떳하지 않으면 어디에서든 당당할 수 없다. 마음속에 께름칙한 부분이 남아 있기 때문이다. 그래서 업무상 예산을 집행할 때도 나는 가능하면 직접 간섭하지 않는다. 해외 공무 출장을 가더라도 비용은 직접 관리하지 않고, 다른 사람이 집행하도록 일임한다. 그렇게 해야 뒷말이 나지 않는다. 비정상적으로는 단 한 푼이라도 나를 위해 사용해서는 안 된다고 믿고 있고, 지금까지 그렇게 해오고 있다.

우리나라에는 '자네하고 나 사이에'라는 문화가 있다. 이 정도는 허용해도 된다는 암묵적 합의를 종용하는 분위기도 일부 있다. 그러나 세상에 비밀이란 없다. 그러므로 정당하지 않은 편법은 절대 쓰지 말아야 한다.

돈뿐만이 아니라 지위를 이용한 권력 행사도 사익에 해당한다. 펭수의 인기가 날로 높아지면서 한동안 펭수와 협업을 원하는 기관, 단체, 기업들이 70~80군데 이상 대기할 때가 있었다. 모두 국내의 내로라하는 곳들이었다. 그러다 보니 많은 곳에서 인맥을 통해 내게 청탁을 해왔다. 그러나 나는 펭수가 본궤도에 오른 후 일체 협찬이나 광고에 간섭하지 않고, 모두 팀원들에게 일임했다. 나뿐만 아니라 제작팀 외에는 누구도 협찬 사업에 개입하지 않도록 하였다. 나는 펭수 협찬을 도와달라는 외부 기관이나 지인들의 부탁을 정중하게 거절하는 데 많은 시간을 할애해야 했다.

사장이라는 위치에 있다 보면 여러 제안을 많이 받게 된다. 거절하기 참으로 어려운 자리의 사람이 부탁하기도 하고, 친한 지인이 부탁하는 경우도 있어 곤란한 적이 한두 번이 아니다. 사장인데 한 번쯤 들어줘도 된다고 생각할 수 있다. 하지만, 이런 것들이 결국은 모두 사익이다. 세워놓은 원칙을 스스로 깨버리면 그다음부터는 지킬 수도 없을뿐더러 리더로서의 믿음도 저버리게 된다.

펭수는 정치 활동이나 기업 행사에는 아무리 좋은 조건을 제시하더라도 참여하지 않는다는 대외 활동의 대원칙을 세웠다. 다만, 코로나19를 극복하기 위해 노력하는 의료진들을 격려하는 영상, 손 씻기 영상 등 공익적 차원의 영상 콘텐츠는 기꺼이 무료로 제작했다. 이런 원칙이 있었기에 펭수가 더 많은 사랑을 받았을 것이라고 믿는다.

주자 성리학의 실천 철학서인 《근사록近思錄》에는 "욕심이 있으면 참된 강함은 없는 것이다. 사람에게 욕심이 있으면 반드시 그 욕심에 끌려서 자기의 지조를 잃게 되기 때문이다"라는 대목이 있다. 리더는 남에게는 너그럽고, 자신에게는 엄격해야 한다. 선을 분명하게 해 두지 않으면 리더도 사람인지라 어떤 유혹이 언제 틈을 비집고 들어올지 알 수 없다. 한 번 협상하면, 두 번째는 쉽고, 세 번째는 처음의 각오가 어디로 갔는지 찾을 수 없게 된다. 그래서 리더는 자신만의 원칙을 세워두고 그것을 지키고자 항상 노력해야 한다.

리더라면 작은 일에 사로잡히지 마라

넷째, 리더는 선입견을 경계해야 한다. 사람에 대해 선입견을 갖게 되면 눈과 귀가 막혀 좋은 인재를 발탁하지 못하고, 이는 결국 조직에 해로 돌아간다. 선입견이란 경계한다고 만들어지지 않는 것이 아니다. 선입견은 가랑비가 옷에 스며들 듯 무의식중에 생겨난다. 그러므로 가능한 한 선입견이 생기지 않도록 사전에 차단할 필요가 있다. 남의 험담은 미리 자르고, 보지 말아야 할 것은 눈에 담지 않는다.

사장 재직 시 노조와 대립각을 세울 때가 있었다. 여러 명의 상대가 항의의 표시로 내게 단체 문자를 보낸 적이 있다. 나는 그 문자 메시지를 3년 재직 기간 동안, 아니 퇴임한 이후에도 열어보지 않고 지웠다. 이유는 단 하나, 개개인에 대한 선입견을 갖고 싶지 않았기 때문이다.

내가 그 문자를 열어보는 순간, 아무리 내가 나쁜 마음을 먹지 않겠다고 해도 무의식에 그 내용이, 이름이 와서 박힐 것이 뻔했기 때문이다. 각자에게는 주어진 역할이란 것이 있고, 사장과 대립할 수도 있다. 개중에는 자신은 메시지를 보내고 싶지 않았지만, 조직의 논리 때문에 움직인 사람도 있었을 것이다. 그런데 그 문자를 읽고 괘씸죄를 적용해 그들을 업무에서 배제한다면 나는 유능한 인재를 잃어버리게 된다.

사장이 리더로서 명확한 비전을 가지고 있다면 그에 따른 올바른 일을 하면 된다. 그리고 그 비전에 직원이 동참하도록 격려하며 앞으로 나아가면 된다. 조직의 이익과 성장에 걸림돌이 된다면 사소한 것은 눈 감을 수 있어야 한다. 업무에 개인적인 감정을 투사하거나 해서 조직원에게 작은 일로 불이익을 줘서는 안 된다.

마음에서 비롯된 조급함을 경계하라

다섯째, 리더는 조급해하거나 인간관계로 전전긍긍하면 안 된다. 회사라는 곳은 매일 수많은 안건이 올라오고, 문제가 쌓여 있으며, 결정해야 할 일이 산더미다. 그런데 사람 한 명의 한 명의 면면에 너무 신경 쓰고 전전긍긍하다 보면 다른 일에 집중할 수 없다. 세상은 원래 그런 곳, 인간은 본래 그런 존재라고 생각해야 한다.

문제를 한 번에 해결하려고 해도 무리가 따른다. 오늘 안 되면 내일 된다고 생각하고, 내일 안 되면 모레가 될 것이라고, 모레도 안 되면 언젠가는 해결될 것이라는 여유를 가져야 한다. 일을 게을리해도 된다거나 한없이 늘어져도 된다는 의미가 아니다. 업무를 진행하는 데 있어 마음의 여유가 절대적으로 필요하다는 뜻이다. '급하게 먹는 밥이 체한다'는 말처럼 성급하게 굴거나 서두르다 보면 일을 그르칠 수 있다.

의사소통 방법에 대해서도 고민해 보아야 한다. 일을 지시할 경우, 당장 추진해야 할 과업이 아닌 경우라면 상대에게 명령하거나 설득하지 말고 인내심을 갖고 '납득'시켜야 한다. 설득과 납득에는 큰 차이가 있다. 전달자 입장에서 보면 개념상 설득하는 것이고, 납득은 상대가 이해하고 받아들이는 것이다. 사전적 의미로 설득이란 상대편이 이쪽 편의 이야기를 따르도록 여러 가지로 '깨우쳐' 말하는 것이고, 납득은 다른 사람의 말이나 행동, 형편 따위를 잘 알아서 '긍정하고 이해'하는 것이다. 따라서 조직의 목표나 성과를 리더 중심으로 설득하려 하지 말고, 구성원 입장에서 수용할 수 있도록 이해시키는 것이 중요하다. 그래야만 조직 구성원들의 에너지가 하나로 모여 조직 발전의 원동력으로 삼을 수 있다.

사장 재임 시절, 같은 사안을 세 차례나 이야기해도 쉽게 받아들이지 않는 부서장이 있었다. 그럴 때면 "사장이 시키면 그냥 좀 하세요"라고 이야기하고 싶은 유혹이 슬그머니 생기기도 했다. 그러나 그의 입장을 생각하면 사장의 지시를 고민할 만한 요소가 있어 신속하게 결정하지 못하는 것일 수 있다. 시간은 조금 걸리지만, 스스로 마음을 바꿀 때까지 인내하고 납득시키면 일 추진이 훨씬 부드럽고 빨라진다.

세 번째 이야기를 하고 난 후 부서장은 며칠 뒤 스스로 찾아와 의견을 수렴하겠다는 뜻을 밝혔다. 내가 인내심을 갖고 기다린 것이 얼마나 다행스러웠는지 모른다. 내가 나의 속도에 맞춰 그를 압박했더라면 그는 그 결정이 자신이 내린 것이 아니라 상사의 지시나 강요로 어쩔 수 없이 받아들인 것으로 생각했을 것이다.

내가 내린 결정으로 하는 일과 타인의 결정으로 하는 일의 결과는 얼마나 다른가. 물론 사안이 시급한 경우는 CEO의 결정 타이밍이 매우 중요하겠지만, 급박하지 않다면 인내심을 갖고 기다리며 소통하는 것이 결코 비효율적인 일이 아니다.

리더는 조급해하거나
인간관계로 전전긍긍하면
안 된다. 오늘 안 되면
내일 된다고 생각하고,
내일 안 되면 모레가 될
것이라고, 모레도 안 되면
언젠가는 해결될 것이라는
여유를 가져야 한다.
성급하게 굴거나 서두르다
보면 일을 그르칠 수 있기
때문이다.

단지 먹기만 하는 것은
기회 낭비다

음식과 식사 사이에는
일종의 친근한 유대가 있다.
- 영국 작가, 토마스 하디

레스토랑 선정이 비즈니스 성패를 좌우한다

모차르트의 출생지인 잘츠부르크에는 803년에 문을 연, 세계에서 가장 오래된 레스토랑이 있다. 그곳에서 오스트리아 전통 음식을 먹으면 훌륭한 식사로도 좋지만, 현실에서 벗어나 고대古代로 시간 여행을 한 듯한 신비로운 경험을 하게 된다.

사람은 단순히 배고픔을 해소하기 위해 밥을 먹기도 하지만, 조직 구성원 간 소통을 위해서 혹은 성과를 낸 직원을 격려할 때, 힘든 일을 부탁하거나 비즈니스 접대를 하는 등 다양한 이유에서 식사를 한다. 사람의 마음을 사로잡는 데 효과적인 방법으로 식사만 한 것이 없다. 외국에서는 중요한 비즈니스 파트너일수록 집으로 초대하는 경우가 많다. 개인의 일상을 공개함으로써 친밀감과 신뢰도를 높이는 방식으로 네트워크를 구축한다.

서양 속담에 "배는 마음을 지배한다"라는 말이 있다. 맛있는 음식을 먹으며 즐거운 대화를 나누면 대접받는다는 느낌이 들고, 이런 환경에서는 일이 순조롭게 풀리기도 한다. 전략적으로 식사를 해야 하는 리더는 적절한 비용의 분위기 좋은 레스토랑 정보를 많이 갖고 있을 필요가 있다. 본인이 좋아하는 식사 위주로 레스토랑을 정하면 소기의 성과를 얻는 데 별다른 도움이 되지 않는다.

비즈니스 차원에서 피해야 할 곳이 있다. 고깃집과 뷔페 레스토랑이다. 고깃집과 뷔페는 대화를 단절시키는 공간이다. 한번은 대학교수들이 모여 인기 있는 뷔페 레스토랑에 간 적이 있다. 20명 정도가 모여 식사를 하는데, 도저히 대화를 나눌 수가 없는 상황이었다. 바로 옆에 앉아 있는 사람과도 대화가 안 될 정도로 시끄러운 데다 음식을 가지러 왔다 갔다 해야 해서 호스트가 사람들과 이야기를 할 수가 없었다. 이후 같은 모임을 했을 때, 나는 카펫이 깔려 있고 전망이 좋은 소박한 중국 식당의 룸으로 예약했다. 간단한 코스 요리를 시켰는데, 조용한 분위기 속에서 효율적으로 집중해서 대화를 나눌 수 있었다.

스토리가 있는 식당은 대화를 풍부하게 한다

나는 식당을 정할 때 세심한 주의를 기울인다. 레스토랑 선정이 비즈니스의 삼분의 이를 좌우한다고 생각하기 때문이다. 어느 식당을, 누구와 함께, 어느 자리에 앉는 것이 가장 좋은지 깊이 고민한다. 외국에서 귀한 손님이 오더라도 가격도 만만치 않고 스토리가 풍부하지 않은 호텔 레스토랑 같은 곳으로는 잘 초대하지 않는다. 나는 누구와 함께하는지, 연령대가 어떻게 되는지, 공간의 구성은 어떤 형태가 적합한지를 고려해 식사 장소를 정한다. 그래서 새로운 식당에 가면 항상 눈여겨보고 기억해 두었다가 적절한 때 방문한다.

식당을 정하는 조건은 첫째, 식당의 분위기와 위생 상태를 감안해 쾌적하고 깨끗한 곳을 고른다. 둘째, 적절한 가격의 식당을 고른다. 소위 말하는 가성비가 좋은 곳을 선호하는 편이다. 셋째, 스토리가 있는 레스토랑을 찾는다. 문제는 분위기도 좋으면서, 비용도 적절하고, 가게나 주인 또는 셰프의 스토리가 있는 레스토랑을 찾기란 결코 쉬운 일이 아니다. 그래도 오랜 시간 공을 들인 덕분에 몇몇 좋은 곳을 찾아두고 애용하고 있다.

63빌딩의 워킹온더클라우드는 야경이 좋은 레스토랑이다. 서울의 야경을 즐기며, 와인 한잔할 수 있는 초고층 레스토랑으로 외국 손님들을 초대하기에 좋다. 을지로에 있는 삼성화재 건물 지하의 라칸티나도 좋아하는 레스토랑이다.

라칸티나는 우리나라 최초의 이탈리안 레스토랑으로 양식을 좋아하던 이병철 회장이 국내에 제대로 된 양식당이 없어서 만든 곳이다. 유행에 따라 생겨났다 사라졌다 하는 레스토랑과 달리, 역사가 배어 있는 중후하고 클래식한 레스토랑으로 40년 된 단골도 많다. 서빙하는 직원 중 60~70세인 분들도 있다.

이 외에도 독특한 스토리를 담은 레스토랑이 곳곳에 숨어 있다. 우리나라 마지막 상궁이 살았던 레스토랑, 100여 년이 넘은 소나무가 있는 집, 조그마한 가구 박물관이 있는 식당, 한옥으로 된 프렌치 레스토랑, 피카소 작품이 있는 곳, 해외의 미슐랭 스타 셰프와 함께 일한 적이 있는 셰프가 있는 식당, 스페인 요리를 스페인 셰프가 직접 하는 가게 등이다. 그중에는 늦가을, 3층 룸에서 창밖을 보면 담 너머 경복궁이 보이고, 가로등에 은행나무 잎이 황홀하게 빛나는 경치를 즐길 수 있는 레스토랑도 있다. 가끔 지인들과 식사를 하면 식당 선정에 대해 칭찬하며, 이후 자신의 가족들과 다시 찾아 즐거운 시간을 가졌다며 고마움을 전하기도 한다.

나는 자주 가는 식당은 비서와 함께 식사를 한다. 어느 식당, 어느 자리가, 어떤 손님들에게 가장 적합한지를 정확히 알아야 예약할 때 도움이 되기 때문이다. 레스토랑마다 공간이 다양하게 구성되어 있어 비서가 식당 공간을 파악하지 못하면 예약 때마다 일일이 설명해야 한다. 매번 설명하는 것도 번거롭지만, CEO의 일을 돕는 동료로 어떤 곳인지도 모른 채 예약만 하는 것은 바람직하지 않다. 레스토랑에 가서 매니저와 비서를 서로 소개해 주면 다음 예약 때 많은 도움이 된다.

훌륭한 식사는 그 어떤 전략보다 뛰어나다

경험에 의하면 소위 상대 맞춤형 레스토랑에서 식사나 와인을 하면 분위기가 좋아지고 이야깃거리도 풍성해진다. 즐겁기 때문에 소통도 잘되고, 서로가 무장해제되기 때문에 대부분 원하는 결과를 얻어낼 수 있다. 그래서 CEO의 레스토랑 선정 안목은 굉장히 중요하다. 안목도 일종의 기술이다. 경험의 영역을 키우고, 안목을 키우기 위해서는 훈련이 필요하다.

많은 CEO가 비즈니스 차원에서 골프를 치지만, 나는 골프를 치지 않는다. 대신 중요한 사람과 관계를 맺을 때는 문화 예술과 레스토랑을 활용한다. 작은 레스토랑 하나를 빌려서 부부 동반 초대를 한다. 공연을 보고 난 뒤 레스토랑에서 흔하게 먹을 수 없는 불가리아 와인을 준비해서 대접하면 모두 만족해한다. 남자들은 별로 내켜 하지 않아도, 대부분 부인의 손에 이끌려 온다. 부인이 좋아하면 그 비즈니스는 성공적이다. 기온이 선선해지는 가을이면 분위기가 더 좋다. 레스토랑 야외에 가스난로를 피우고, 작은 담요를 마련해 두는 세심함을 보인다.

이런 문화 예술의 효과는 그저 먹고 마시는 것보다 훨씬 더 오래 여운이 남는다. 물론 어떤 경우에는 다 함께 삼겹살을 구워 먹는 것이 더 만족스러울 수 있다. 하지만 한번 특별한 경험을 하고 나면, 내가 왜 이제야 이런 경험을 했을까 안타까워하는 사람이 더 많다. 조직의 성공을 위해서는 식사 한 끼마저 허투루 할 수 없는 것이 리더의 위치다. 어떤 순간이 나중에 조직을 위해 도움이 될지 알 수 없기 때문이다.

레스토랑 선정이
비즈니스의 삼분의 이를
좌우한다. 맛있는 음식을
먹으며 즐거운 대화를
나누면 대접받는다는
느낌이 들고, 이런
환경에서는 일이 순조롭게
풀리기도 한다.

펭수는 어떻게 성공했을까?

서울산업진흥원은 2021년 펭수의 브랜드 가치를 4천억 원으로 평가했다. 어떤 곳에서는 펭수의 가치가 뽀로로를 뛰어넘을 것으로 예상하기도 했다. 참고로 뽀로로의 브랜드 가치는 8천억 원, 경제적 효과는 5조 원 이상으로 평가하고 있다.

첫째, 유능한 제작진

젊은 PD를 믿고, OTT 모바일 콘텐츠의 실험은 과감하게 디지털 네이티브 세대들에게 전적으로 맡겨보자는 의도가 적중했다. 나는 CEO로서 프로젝트를 성공시켜야 한다는 강박관념에 빠져 창의력 발휘에 제약받지 않도록 여건을 마련하는 데 집중했다. 그로 인해 제작진들은 탄탄한 이야깃거리로 펭수 세계관의 확장 가능성을 만들 수 있었다.

둘째, 펭수 본체의 탤런트

펭수는 매력덩어리다. 영국 공영 방송사인 BBC가 분석한 펭수의 매력은 요리, 댄스, 작사, 노래 등등 '못하는 걸 못하는' 다재다능함을 꼽았다. 물론 펭수 자신도 이를 위해 밤을 새워가며 무한한 노력을 한 것으로 알고 있다. 어떤 상황에 직면해도 감각 있게 잘 대처하는 순발력과 연기 능력도 매우 뛰어났다. 구독자들과 소통하기 위해 진심을 갖고 임하는 자세 등 매력이 한둘이 아니다. 이를 통해 펭수는 구독자들에게 진정한 소통을 하면서 공감과 웃음을 선사하고 더 나아가 코로나19라는 힘든 상황에서 위로가 되는 역할을 톡톡히 해냈다.

셋째, 구독자 반응 24시간 모니터링 & 펭클럽과의 소통
제작진들은 하나의 에피소드마다 달리는 수천 개의 댓글을 분석하고 평가하여 콘텐츠의 방향성을 정하고, 다음 콘텐츠 제작에 참고했다. 이런 의미에서 볼 때 펭수를 사랑하는 팬클럽인 '펭클럽'의 도움이 펭수 성공에 절대적으로 기여했다고 본다. 펭클럽 회원들은 펭수를 보호하고, 콘텐츠를 확산시키고, 새로운 아이디어를 제시하는 펭수 제작의 파트너라고 해도 과언이 아니다.

넷째, 사장의 전폭적인 지지
나는 펭수 제작의 독립성을 강화하기 위해 기존 부서에 속해 있던 펭수 제작진을 떼어내어 별도의 조직인 팀으로 분리하고 지상파TV 문법에 익숙한 선배들의 무간섭 원칙을 지시했다. 나는 사장으로서 디지털 네이티브 세대들이 중심이 되도록 하고, 조직의 유연성을 위해 팀으로 분리해 창의성이 발현할 수 있는 환경을 조성하고, 전사적 차원에서 적극적으로 지원하여 펭수의 성공을 견인하는 데 도움을 주었다.

그 외에도 탄탄한 스토리와 세계관, 트렌드를 반영한 차별화된 디자인 등 펭수가 성공한 데에는 많은 요인이 있을 것이다. 그러나 무엇보다 가장 큰 성공 요인은 메시지를 통한 시청자와의 소통이라고 생각한다. 진정한 소통의 시도가 구독자들에게 더 큰 공감과 웃음을 선사하고 더 나아가 위로를 주지 않았을까 생각한다.

최고의 아이돌 동물, 펭수의 기록!

카카오 이모티콘 1일 매출 신기록 달성

2019년 11월 13일 펭수의 카카오톡 이모티콘 '열 살 펭귄 펭수의 일상'을 출시하였다. 유튜브 구독자 수 50만 명을 넘긴 기념으로 펭수 짤 24종을 움직이는 이미지로 선보였다. 펭수 이모티콘은 출시 당일에만 23만 개가 팔리며 카카오 1일 매출 신기록을 작성했다. 그 후 움직이는 이모티콘, 소리 나는 이모티콘, 짤모티콘 등등을 지속적으로 출시하여 총 220만 개 이상의 펭수 이모티콘이 판매되었다.

펭수 화보 실린 잡지《나일론》완판

뉴욕과 런던의 서브컬처를 기반으로 하는 패션&뷰티 트렌드 잡지인《나일론》의 2019년 12월호에 펭수의 단독 화보가 실렸다.《나일론》발매 당일, 오후 4시부터 시작하는 온라인 예약 판매 전부터 대기 인원이 6만 명을 넘었고, 일시적으로 접속이 폭주하여 사이트가 마비되는 현상까지 나타났다. 결국 발매 당일 퇴근 무렵에 3만 부가 완판되는 신기록을 세웠다.

펭수 수면 바지 10분 만에 매진

2019년 12월 21일 자정, 이랜드의 SPA 브랜드 스파오가 펭수 맨투맨 티셔츠 4종, 반팔 티셔츠 4종, 수면 바지 3종 등 펭수 굿즈 11종을 출시하였다. 이 중 수면 바지 3종은 출시 10분 만에 매진되었고, 구매 금액별 사은품은 2분 만에 전량 소진되는 놀라운 실적을 기록했다. 물론 하루 만에 전 스타일, 전 색상의 의류가 완판되었다.

스파오는 자사 협업상품 중 글로벌 캐릭터의 인기를 훨씬 뛰어넘는 결과라고 하였다.

BTS를 능가한 펭수의 인기

2019년 '골든 디스크 어워즈'에서 BTS와 무대를 함께한 이후 해외 팬들의 호기심을 자극하면서 해외 언론의 관심도 높아졌다. 펭수와 인터뷰 및 관련 자료를 요청하는 해외 매체들이 급증했는데, 영국 공영 방송 BBC, 독일 최고의 시사주간지 《슈피겔(DER SPIEGEL)》, 중국 CCTV, 중국 검색포털 사이트 '바이두(Baidu)', 홍콩의 알리바바 그룹 계열사의 신문인 《사우스차이나모닝포스트(SCMP)》, 대만의 중국어 일간지 《차이나타임스》, 미국의 격주간 경제지 《포브즈(Forbes)》 등이 펭수와 인터뷰를 요청했다.

펭수와 콜라보한 '남극펭귄참치' 캔 100만 개 완판

2020년 1월 16일 남극 환경보호를 위해 펭수와 콜라보레이션으로 한정 판매한 참치캔 '남극펭귄참치'가 2월 말에 완판되었다. 동원 측에서 펭수를 모델로 삼기 위해 기존의 마케팅 계획을 전면 수정하여 EBS를 세 번이나 찾아왔다. 어렵게 성사된 남극참치 패키지의 판매 수익 중 일부는 남극 환경 보호를 위해 W 재단의 글로벌 기후 협약 실천 캠페인 후시(HOOXI)에 기부하였다.

취업포털 인크루트 '2019 올해의 인물'로 선정

2019년 12월 취업포털 인크루트가 성인 2,333명을 대상으로 실시한 설문 조사의 방송 연예 분야에서 20.9퍼센트의 득표율로 펭수가 '2019 올해의 인물'로 선정되었다. 당시 인기 절정이었던 송가인과 BTS보다 앞선 득표율이었다.

2020년 보신각 타종 대표자 중 1인(?)으로 참여

2020년 보신각 타종 행사에서 올해를 빛낸 시민에게 희망과 용기를 준 대표자 12명 중 한 사람(?)으로 펭수가 참여했다. 보신각 타종 행사에 동물이 함께한 것은 처음이라는 우스갯소리도 있었다.

가수 데뷔, 지니와 벅스의 실시간 차트 1위

2020년 4월 21일에는 펭수의 첫 번째 디지털 싱글 '빌보드 프로젝트 Vol. 1' 타이틀 곡인 '펭수로 하겠습니다(This is PENGSOO)'를 발표했다. 이 곡은 공개된 다음 날인 22일 오전 9시에 지니와 벅스의 실시간 차트 1위에 올랐다. '펭수로 하겠습니다'는 펭수의 빌보드 진출의 염원을 담은 곡으로서 음원 수익은 '세계 펭귄의 날'을 기념해 환경 단체에 기부하였다.

백상예술대상 TV 부문 교양 작품상 수상

2020년 6월 5일 제56회 백상예술대상에서는 〈자이언트 펭TV〉가 TV 부문 교양 작품상을 받았다. 펭수는 작품 소감으로 "뽀로로 선배도 못 받은 상을 주셔서 감사하다. 이 상을 받게 된 것은 바로 저와 펭클럽 덕분인 것 같다. 그리고 우리 남극에 계신 부모님께도 감사하다"라고 수상 소감을 전해 웃음을 자아냈다. 한국방송협회가 2020년 10월 시상한 제47회 한국방송대상에서는 펭수가 예능인상을 받았으며, 2020년 크리스마스실의 주인공은 세상에서 가장 큰 성공을 거둔 펭권인 펭수가 되었다.

경험의 공유, 지속 성장 가능성을 만들어라

기회는 어디에서 찾아오는가.
우리가 어디를 보느냐에 따라
찾아오는 기회의 속성이 달라지고,
창출할 수 있는 가치도 달라진다.

하나의 점이 이어지면
선이 된다

빨리 가고 싶으면 혼자 가라.
그러나 멀리 가기를 원한다면
팀이 필요하다.
- 미국의 농구 감독, 존 우든

이율배반적인 것이 사람 마음이다

고대 그리스 철학자 헤라클레이토스^{Hērakleitos}는 "단 하나 변하지 않는 것은 변화"라고 했다. 세상은 유기물이다. 끊임없이 움직이며 변화한다. 과거에는 양복에 운동화를 신으면 이상한 눈으로 바라봤지만, 지금은 양복을 입고 운동화 신은 사람이 더 많다. 양복에 제대로 구두를 갖춰 신은 사람이 오히려 촌스러워 보일 때도 있다. 과거에는 이상했던 것도 트렌드가 되면 금세 익숙해지고, 뭘 좀 아는 사람이 된다.

트렌드는 시대의 감성 코드다. 동시대를 살아가는 사람들의 의지나 욕구 등 다양한 요소가 뒤섞여 만들어진 결과물이다. 인간은 기본적으로 소속 집단이나 개인의 행위에 영향을 미치는 준거 집단으로부터 소외되지 않으려는 경향이 있다. 자신이 속한 집단이나 영향을 주고받는 사회, 직장, 학교, 친목 단체 등 준거 집단에서 아웃사이더가 되기를 원하지 않는다. 요즘 말로 '인싸'가 되고 싶어 하는 것이다.

사람들이 유행에 민감한 이유는 집단의 동질성을 찾아가고자 하는 자연스러운 현상이다. 물론 유행에 무관심하고 세상의 변화에 흔들리지 않고, 자신만의 스타일과 가치관을 쫓아 오히려 유행에 역행하는 사람도 있지만, 많은 이들이 동시대를 살아가는 구성원으로서 공통분모를 가지고 대화하고 싶어 하고, 그들과 같이 묻어가고 싶어 한다. 그 속^{동질감}에서도 차별화를 꾀하며 주목받고 싶어 하는 마음도 있다. 80억 명의 사람 중에 똑같이 생긴 사람이 없는 것처럼 인간의 마음도 딱 하나로 정의 내릴 수 없을 정도로 복잡미묘하다.

어느 구름에서 비 내릴 줄 모른다

우리는 다양한 개성을 지닌 사람과 조직을 이루고, 사회를 이루며 살아간다. 그리고 살아가는 동안 조직이든 개인이든 크고 작은 어려움에 빈번하게 노출된다. 현대 사회에서 발생하는 문제는 매우 복잡해 전문성을 필요로 하기 때문에 한 사람의 힘으로 해결하기란 쉽지 않다. 이럴 때 조직이나 리더가 관계를 유지하고 있는 인적 네트워크, 휴먼 네트워크라 불리는 인맥은 매우 유용하다.

EBS 재직 시 직원 한 명이 중국으로 여행을 갔다가 현지에서 억류되었다며 회사로 연락을 했다. 당황스러운 일이 아닐 수 없었다. 나는 곧바로 외교부에서 주요 대사를 지낸 지인에게 SOS를 청하였다. 그리고 외교부 관련자와 직원의 무사 귀환을 위해 다양한 상의를 하였다. 개인적인 일이라 억류 사유를 밝히기는 적절하지 않으나 나는 사장으로서 조직 구성원의 안위를 위해 인적 네트워크를 동원해 최선을 다하였다.

구성원 한 명 한 명은 자연인으로 큰 힘이 없다. 그러나 위험에 직면했을 때는 조직의 힘이 얼마나 막강한지 실감하게 된다. 평소에는 불만스러울 수 있는 조직이라도 그 울타리가 얼마나 든든하고 힘이 되는지는 어려운 상황에 닥치면 체감하게 된다. 그 직원도 무사히 귀국할 수 있었다.

조직이 예상치 못한 문제에 봉착하게 되면, 관련 분야의 전문성을 갖고 있는 사람들의 컨설팅이 매우 중요하다. 그래서 인맥을 총동원하여 전문가를 찾고, 문제 해결에 도움을 줄 수 있는 사람들을 만난다. 한국 사회에서는 몇 단계만 거치면 서로서로 연결될 수 있다고 할 정도로 인적 네트워크가 촘촘하게 짜여 있다. 이렇게 인맥의 도움을 받으면 의외로 쉽게 문제를 해결할 수 있다.

어려서부터 아버님은 내게 인간관계의 중요성을 설명하면서 "어느 구름에서 비 내릴 줄 모른다"라는 말씀을 자주 하셨다. 우리는 예측할 수 없는 어떤 상황에서 어느 누구의 도움을 필요로 하게 될지 모른다. 따라서 당장의 이해관계만을 고려하지 말고, 인연을 맺게 된 사람과 좋은 관계를 유지하기 위해 최선을 다할 필요가 있다고 강조하셨다. 우리도 일상에서 이런 경험을 자주 한다. 어쩌다 스치면서 주고받은 명함이 훗날 큰 도움이 되는 경험 말이다.

점을 이으면 어떤 형태로든 만들 수 있다

디자인의 기본 구성요소는 점과 선이다. 선은 기본적으로 점과 점이 연결되거나 결합되어야 한다. 점은 선을 따라서 서로 끌어당기기도 하고 밀어내기도 한다. 점은 위치를 의미하는 반면, 선은 움직임과 방향을 의미한다.

우리의 휴대전화 속에는 수많은 전화번호가 있다. 이것은 점에 해당한다. 이 전화번호를 연결하면 선이 만들어진다. 즉, 점을 어떻게 조합하느냐에 따라 선으로 드러나는 움직임과 방향성이 달라진다. 가령 적절한 점을 조합해 선을 만들어서 모임을 하면 즐거운 사람들과 저녁을 하면서 당면 문제를 해결할 수 있는 방향성을 정하거나 솔루션까지 얻을 수도 있다. 같은 의미로 한 개인과의 일회적인 만남은 점에 해당한다. 상호 신뢰 속에서 만남을 이어가다 보면 긍정적인 점이 쌓이게 된다. 이 점을 방향성과 역동성을 갖는 선으로 만들 수 있다.

점들은 서로 이어져 선으로 연결될 수도 있으나, 반대로 분리될 수도 있다. 또한 선과 선이 만나 굵어지기도 하고 곡선이 되기도 하며 원을 만들 수도 있다. 이처럼 점과 선의 변화는 무쌍하다. 리더에게는 이러한 점을 모아 필요에 따라

선을 만들고, 곡선과 직선, 사각, 원 등 다양한 형태로 만들 수 있는 건강한 인적 네트워크 구축이 필요하다.

오늘날과 같이 복잡한 사회에서 리더의 네트워크는 매우 중요하다. 평소에 이들을 잘 관리해야만 조직을 위해 도움이 필요할 때 그들로부터 문제 해결 방안 등 다양한 조언을 받을 수 있다. 인연이 되어 관계가 만들어지면 가능한 한 지속할 필요가 있다. 직접, 자주 만나지 못해도 전화나 메일, 혹은 톡 등을 통해서라도 꾸준히 소통하면 서로 간 연결 끈은 항상 이어져 있게 된다. 휴대전화에 있는 사람과 모두 통화할 수는 없으므로 문자나 메일 등도 괜찮다.

인연은 만들기도, 유지하기도 어렵다

나는 1980년대 후반 독일에서 귀국했다. 이후 매년 크리스마스이브와 신년 초만 되면 국제 전화에 매달렸다. 교수, 연구자, 학과 동창, 친구, 아들 유치원에서 알게 된 학부모 등 유학 생활 중 알게 되었거나 도움을 받은 지인들에게 적어도 일 년에 한두 번 전화하는데, 안부를 묻기에는 연말연시가 적당하기 때문이었다.

당시에는 인터넷이나 메일이 일반화되지 않았을 때고, 지금처럼 무료 국제 통화가 가능한 때도 아니어서 국제 전화 요금이 매우 비쌌다. 오랜만의 안부 전화라 시시콜콜한 내용까지 대화를 주고받다 보면 최소한 20~30분씩 통화를 하는 경우가 많았다. 그러다 보니 전화 요금만 수십만 원씩 나오기도 했다. 돈도 돈이지만, 현지 시각에 맞춰 전화하다 보면 통화가 자정이 넘어서까지 이어지고, 여러 명과 통화를 하다 보면 나중에는 목이 아파 목소리가 나오지 않는 경우도 있었다. 그러나 이렇게라도 정기적으로 통화하면 몇 년 후에 만나도 어제 만났던 것처럼 친밀하게 느껴지고 정보의 단절도 없다.

독일 사람들은 약속을 몇 달 전부터 한다. 그런데 내가 갑작스럽게 유럽을 방문하거나 연구 등으로 현지 기관이나 전문가들과의 면담 주선을 요청해도 "내가 한번 알아볼게"라며 자기 일처럼 기꺼이 도움을 준다. 이 같은 관계가 유지되는 것은 오랜 시간 쌓아 올린 믿음 덕분일 것이다. 유학 생활을 마치고 귀국한 지 30년이 훌쩍 지났지만, 지금도 그들과 연락하고 있고, 언제 만나도 따뜻하고 편안하다.

즐거운 마음으로 인적 네트워크를 구축하는 것은 무엇보다 중요하다. 반기문 전 유엔사무총장은 "인맥을 소중히 하라. 금맥보다 더 중요한 것이 인맥이다"라고 했다. 내가 필요할 때만 연락하지 말고, 평소 잊지 않고 종종 소통하는 노력을 들여야 할 것이다.

관계에서 반드시 어떤 이득을 바라는 것은 아니다. 하늘 아래 어딘가 내 편이 되어줄 사람이 있다는 것만으로도 얼마나 힘이 되는가.

인간이 먼저고, 비즈니스는 그다음이다

사람의 가치는 타인과의
관계로서만 측정될 수 있다.
- 독일의 철학자, 프리드리히 니체

열정과 노력 없이 이루어지는 것은 없다

2000년대 들어 우수한 대한민국 방송 기획을 뽑으라고 한다면 EBS의 〈위대한 수업, 그레이트 마인즈Great Minds〉가 앞 순서에 있지 않을까 한다. 〈위대한 수업, 그레이트 마인즈〉는 2021년 8월부터 매년 노벨상 수상자를 비롯해 정치, 경제, 문화, 역사, 과학 등 세계적으로 인정받는 석학을 섭외하여 방송하는 고품질 다큐멘터리 강연으로 많은 곳으로부터 훌륭한 기획이라는 격려와 찬사를 받았고, 모 방송사는 자신들이 이 같은 프로그램을 방송하지 못해 매우 아쉬웠다고 공식적으로 이야기한 바 있다.

EBS 사장으로 재임한 직후 마침 교육부 산하 국가평생교육진흥원에서 세계 석학의 강연을 콘텐츠로 만드는 과업 공모가 나왔다. 공모에 참여하기로 한 EBS는 곧바로 '세계 석학 추천자문위원회'를 구성하고, 적절한 위원 구성에 대한 의견을 제시했다. 동시에 편성 센터장을 비롯한 해당 팀원들은 〈세계 석학, 그레이트 마인즈〉가칭 자료 준비를 위해 밤새워 작업하여 공개경쟁 프레젠테이션에 참여했다. 지상파와 종합편성채널 등 쟁쟁한 경쟁사들이 참여하였으나 그동안 다양한 다큐멘터리 제작을 통해 확보한 글로벌 네트워크를 총동원한 EBS 제안서가 채택되어, 최종 사업자로 선정되었다.

나는 이 사업 추진을 위해 국가평생교육진흥원의 예산뿐만 아니라 EBS의 자체 예산도 추가로 부담하여 양질의 콘텐츠를 만들도록 지시하였다. 해당 팀은 곧바로 세계 석학 섭외를 위한 본격적인 작업에 들어갔다.

다행히 사업은 따냈지만, 기획 의도대로 콘텐츠를 제작한다는 것은 예상대로 쉬운 일이 아니었다. 프로그램의 핵심인 출연진 섭외부터가 쉽지 않았다. 글로벌 석학들이다 보니 일정을 빼기가 쉽지 않았고, 요구하는 출연료도 어마어마했다. 이 난관을 뚫게 된 계기가 아주 사소한 인연으로 시작된 네트워크의 힘이었다.

인연은 시간을 들였을 때 탐스럽게 피는 꽃과 같다

제작진은 자신들이 가진 네트워크를 훑었다. 거기에 미국과 중국의 기술 패권 경쟁과 한국의 미래에 대해 강연한 UC버클리 대학의 정치학 교수이자 국제무역제도의 권위자인 비노드 아가왈Vinod Aggarwal이 떠올랐다.

아가왈 교수는 10여 년 전 한국의 한 대학에 교환교수로 온 적이 있었다. 낯선 타국 땅에서 적응하는 데 시간이 필요했던 아가왈 교수를 위해 그의 제자였던 한국의 대학교수가 한 학생에게 배드민턴 파트너를 해줄 수 있느냐는 부탁을 했다. 10여 년이 지난 후 아가왈 교수는 세계적으로 권위 있는 학술지인 비즈니스와 정치Business and Politics》의 편집장으로 활동하면서 세계 석학의 반열에 올랐고, 당시 학생이었던 배드민턴 파트너는 EBS 방송사의 PD가 되었다.

인연의 힘은 막강했다. 10년 전 물을 뿌리고 가꾸었던 인연은 시간이 지난 후 꽃을 피웠다. 아가왈 교수는 본인의 출연 승낙뿐만 아니라 하버드대 케네디 행정대학원 석좌교수 조지프 나이Joseph S. Nye Jr., 스탠퍼드대 정치학 교수 스티븐 크래스너Stephen Krasner, 《강대국의 흥망》 저자인 예일대 역사 교수 폴 케네디Paul Michael Kennedy 등을 섭외하는 데 큰 도움을 주었다. 그뿐 아니라 출연료까지 대폭 낮추어 다른 교수들에게도 그에 맞춰주도록 부탁했다. 감사한 일이 아닐 수 없었다.

절체절명의 순간, 네트워크가 발휘하는 힘은 위대하다. PD가 10여 년 후를 예상하거나 어떤 대가를 바라고 배드민턴 파트너를 했던 것은 아닐 것이다. 순간을 즐겼을 뿐이다. 그러나 그 도움은 고마웠던 인연으로 돌고 돌아 소중한 기회를 만들어주었다.

어떤 일이든 처음이 가장 어려운 법이다. 발걸음을 떼고 나면 절반을 한 것이라고 한다. 아무것도 보여줄 것이 없기 때문이다. 첫 회로 조지프 나이Joseph S. Nye Jr. 교수의 강연이 방송되고 난 후, 그것이 프로그램의 명함이 되어 다른 석학도 연이어 섭외할 수 있게 되었다.

1퍼센트의 가능성에 대한 도전과 99퍼센트의 노력

이렇게 만들어진 〈위대한 수업, 그레이트 마인즈〉에는 2008년 노벨경제학상 수상자인 폴 크루그먼Paul Krugman을 비롯하여 하버드대 정치철학 교수이자 우리에게 《정의란 무엇인가》로 잘 알려진 마이클 샌델Michael Sandel, 《사피엔스》의 저자인 예루살렘 히브리대 역사학 교수 유발 하라리Yuval Noah Harari, 《총 균 쇠》로 유명한 재레드 다이아몬드Jared Mason Diamond UCLA 교수, 옥스퍼드대 리처드 도킨스Clinton Richard Dawkins 명예교수, 그레고리 멘큐Nicholas Gregory Mankiw 하버드대 경제학 교수, 400년이 넘는 역사를 지닌 오페라 극장 베를린 슈타츠카펠레 종신 지휘자 다니엘 바렌보임Daniel Barenboim, 역대 세계 흥행 순위 1위를 자랑하는 영화 〈아바타〉를 만든 감독 제임스 카메론James Cameron 등 현재 세계를 이끄는 지성들이 총출동한다.

〈위대한 수업, 그레이트 마인즈〉와 유사한 글로벌 플랫폼들이 있기는 하다.

2012년 서비스를 시작한, 마스터 클래스^{Master Class}라는 미국의 교육 구독 서비스 플랫폼은 마스터를 위한 실용 강의로 지식이나 통찰을 위한 것이 아니다. 미국 비영리 재단에서 운영하는 TED^{Technology, Entertainment, Design}는 기술, 오락 그리고 디자인과 관련 있는 주제로 출범하였으나 현재는 과학에서 국제적 이슈까지 다루는 강연 콘텐츠로 확장했다. 미국 유명 대학의 강좌를 무료로 제공하는 코세라^{Coursera}는 2012년에 개설한 세계 최대의 온라인 공개수업인 MOOC^{Massive Open Online Course} 플랫폼으로 미학적 영상은 없다. 이에 비해 〈위대한 수업, 그레이트 마인즈〉는 세계적인 석학과 마스터들의 심도 있는 주제로 구성된 커리큘럼과 뛰어난 미학적 영상을 바탕으로 제작된 강연 형태의 다큐멘터리로 기존 유사 서비스들과는 분명한 차별점이 있다.

〈위대한 수업, 그레이트 마인즈〉에 출연한 사람들은 대학 교재나 언론을 통해 대부분 이름을 알고 있을 정도로 지명도가 높은 인사들이다. 만일 영국의 공영 방송사인 BBC나 일본 최대 공영 방송사인 NHK가 이런 출연진들을 섭외할 자신이 있었다면 이와 유사한 프로그램을 이미 만들지 않았을까. 아마 그들도 출연진 섭외가 간단하지 않다고 생각했기 때문에 지금까지 미지의 영역으로 남겨둔 것이 아닐까 생각한다.

EBS는 1퍼센트의 가능성을 보고 과감하게 도전했고, EBS가 갖고 있는 조직의 모든 역량을 총동원하였다. 그 결과 세계 석학들을 우여곡절 끝에 섭외해 가며 하나씩 성사시켜 나갔고, 그 과정 하나하나 자체가 위대한 일이었다. 〈위대한 수업, 그레이트 마인즈〉는 EBS와 교육부, 국가평생교육진흥원 등이 협력해 2022년, 2023년에도 계속되고 있으며, 국가평생교육진흥원이 운영하는 한국형 온라인 공개강좌K-MOOC에도 탑재하고 있다.

부유한 사람들은 네트워크를 구축한다

네트워킹은 서로 간 이익을 위해 사람들과 발전적인 관계를 맺는 행위다. 세계적인 부자 중 네트워크가 약한 사람은 없다. 부모들이 자식이 좋은 학교에 들어가기를 원하는 이유 중 하나도 좋은 네트워크 형성을 위해서다.

네트워크 유지로 가장 일반적인 방법은 혼례와 상례다. 우리 사회에서는 여전히 애경사를 챙기지 않으면 나중에 상대를 만났을 때, 서로 서먹서먹해질 수 있다. 심지어 네트워크 자체가 무너져 버리는 일도 있다. 갈수록 스몰웨딩이 증가하고, 코로나19 이후 장례도 가족끼리 치르는 경우가 늘고 있지만, 여전히 결혼식과 장례식은 중요하다. CEO들은 빈번하게 결혼식 초청장이나 부고를 접하지만, 현실적으로 다 찾아가지는 못한다. 그래서 나는 나름대로 우선순위를 정하여 시간이 허용하는 범위에서 예를 갖추려고 한다.

직원들의 애사는 가능하면 직접 찾아가 조문한다. 때로는 멀리 지방까지 다녀오기도 하는데, 그만큼 직원들은 고마움을 잊지 않는다. 지인이나 업무상 관련 있는 사람들의 상도 가능하면 가려고 노력한다. 지리적으로 멀리 떨어져 있을 때는 마음은 있어도 직접 찾아가기가 쉽지 않다. 그렇더라도 나의 애경사를 찾아준 분들의 경우에는 가능하면 꼭 참석하려고 한다.

혼사와 같이 경사스러운 일은 주로 주말에 이루어져 사정이 있으면 축의금만 보내도 크게 결례가 되지 않는다. 미리 계획된 행사로 사전에 참석 여부를 파악하여 식사 등을 준비하기 때문이다. 주말 경사는 나의 행사 때 찾아주었던 특별한 경우가 아니면 통상 축의금으로 대신하여 마음을 전한다. 그러나 상은 보통 갑작스럽게 발생하므로 가까운 사이에는 문상해 유가족들을 위로하고 슬픔을 나눈다. 경험에 따르면 멀리서 직접 조문한 사람들의 감사함은 오랫동안 기억된다. 특히 상가에는 최대한 빨리 조화를 보낸다. 보통 상을 당하면 장례식장을 세팅하는 데 생각보다 시간이 꽤 걸려 빨리 보낸 조화가 일정 시간 동안 외롭게 상가를 지키기 때문에 상주 입장에서는 고마움이 더 크다. 따라서 조직에서는 외부 인사들의 애사를 빨리 파악할수록 도움이 된다.

넓고 얕은 네트워크도 중요하다

아리랑TV 부사장 시절, 담당 공무원의 아버지가 돌아가셨다. 당시 아리랑TV는 가난했다. 예산 지원을 받기 위해 관련 부서를 찾아가 애걸복걸할 때였다. 상을 당한 첫날은 회사 대표로 장례식장을 찾았다. 다음날은 개인 자격으로 다시 상가를 찾았다. 어떤 보상을 바라고 그랬던 것은 아니다. 단지 마음이 시키는 대로 따랐을 뿐이다. 어쨌든 내가 장례식장에 있었던 시간은 총 2시간 남짓이었다. 그런데도 당시 직원들 사이에서는 아리랑TV 부사장이 장례식장에서 이틀 동안 자리를 지켰다는 소문이 돌았다. 상을 당한 입장에서는 어떤 마음이었을까. 그 후부터 그 공무원은 내가 회사를 위해 부탁하는 일에 대해서는 긍정적으로 검토해 주었다. 아마도 자신이 가장 어려웠을 때 진정성을 가지고 대했기 때문이라고 생각한다.

인맥은 하루아침에 쌓이지 않는다. 인적 네트워크를 지속적으로 유지하기 위해 애경사를 빠뜨리지 않으려고 하지만, 그만큼 시간과 비용도 수반된다. 나는 주로 지방에서 지내다 보니 조문을 위해 서울에 갔다가 늦어지면 호텔에서 하룻밤 자고 내려오는 일도 있다. 이런 경우 조문비보다 왕복 교통비와 숙박비가 더 든다. 배보다 배꼽이 더 큰 셈이다. 그래도 가야만 한다.

요즘은 넓고 얕은 네트워크보다 깊고 좁은 네트워크를 강조하기도 하지만, 조직의 리더에게는 얕더라도 넓은 것이 훨씬 유리할 때가 많다. 다양한 기관의 접점은 모든 분야의 교차로에 서 있다. 어떨 때는 변호사의 도움이 필요할 때도 있고, 어떨 때는 전혀 다른 분야인 예술가, 혹은 연예인의 도움이 필요할 때도 있다.

내 휴대전화에는 대략 2,800개의 전화번호가 저장되어 있다. 내가 사람을 많이 사귀겠다고 마음먹어서 생긴 전화번호가 아니다. 공기업 임원을 세 번 하면서 몇십 년간 축적된 것들이다. 같은 분야에서 일하는 사람들도 중요하지만, 다양한 분야의 사람들과 교류하면서 만들어진 네트워크의 가치는 더욱 크다.

교육은 경험 확장과 네트워크 확대를 위한 씨앗이다

기업은 좋은 인재들을 채용하기 위해 업무 역량과 리더십, 인성 등 다면평가 면접 등을 통해 미래 핵심 인재를 확보하기 위해 많은 노력을 기울이고 있다. 국내뿐만 아니라 글로벌 인재를 유치하기 위해서도 과감한 투자를 하고 있으며, 성공적인 사례들도 나타나고 있다.

현대와 기아가 자동차 선진국 독일의 디자이너들을 스카우트하여 한국 자동차의 경쟁력을 획기적으로 높인 것은 잘 알려진 사실이다. 피터 슈라이어Peter Schreyer는 폭스바겐-아우디에서 일하다가 2006년 디자인 부문 총괄CDO 겸 부사장으로 기아에 영입되었다. 이후 2012년 12월 28일 기아의 사장으로 승진하였고, 2013년에는 현대자동차그룹의 디자인 총괄 사장을 거쳐 현재는 현대자동차그룹 디자인 고문 겸 홍보대사로 인연을 이어가고 있다. 피터 슈라이어는 현대-기아의 자동차 디자인에 대대적인 혁신을 이루었고, 그를 통해 국내외에서 많은 디자인상을 받기도 했다. 소비자들도 슈라이어의 디자인에 매우 높은 점수를 주고 있다. 그러나 핵심 인재의 해외 전문 인력 스카우트에는 한계가 분명히 있다.

직원의 외부 교육은 경험 영역의 확장이다. 산업성장기에 혁명적으로 "와이프와 자식 빼고 다 바꿔라"고 했던 삼성의 이건희 회장은 직원들을 세계 곳곳에 보내어 1년 동안 공부하게 했다. 굳이 돈을 들여 직원들을 해외에 보낸 이유는 무엇이었을까? 넓은 세상을 보면서 세상이 어떻게 변화하고 있는지 체감하여 새로운 비즈니스 아이디어를 찾고, 현지 사람들과 교류하며 새로운 문화를 경험하고 인맥을 구축하라는 뜻이었을 것이다.

정부와 공기관에서는 다양한 기관의 간부들이 함께하는 교육 프로그램들을 운영한다. 지금까지 주로 직장 동료들과 만났다면 그곳에서는 전혀 새로운 사람과 교류하게 된다. 그때부터 경험 영역이 달라지고, 네트워크도 달라진다. 네트워크가 달라지면 조직이 어려운 일에 처했을 때, 다양한 조언과 도움을 받을 수 있다.

경험의 영역이 넓어지면 사고의 스펙트럼도 넓어지고, 기발한 아이디어도 나올 수 있다. 한쪽으로 치우쳐 한 곳에만 포커싱을 하다 보면 누구나 낼 수 있는 그런 아이디어밖에 내지 못한다. 서로 다른 경험의 영역이 마주치면 마치 스파크가 일어 불꽃이 튀는 것처럼 아이디어가 생겨난다. 세계적인 오페라 무대의 조명이나 무대장치, 의상이나 영화의 한 장면을 보고 영감을 떠올려 자신의 업무와 관련된 참신한 아이디어가 생각날 수도 있는 것처럼 말이다. 창의성이란 자신이 보유한 다양한 정보와 경험이 만들어 내는 결정체다.

아이디어는 경험의
결과물이다

인생은 경험의 연속이다.
비록 이를 깨달을 수 없을지라도
개개의 경험은 우리를
더욱 성숙하게 만든다.
- 포드 창업자, 헨리 포드

여행으로 삶의 가치를 새로이 쌓을 수 있다

나는 공연 예술을 즐긴다. 여행 중에도 종종 오케스트라, 오페라 공연 등을 관람하거나 오래된 교회에서 이루어지는 작은 콘서트들을 매우 즐겁게 감상한다. 오스트리아 브레겐츠의 보덴호수 위 무대에서 펼쳐진 환상적인 오페라 〈투란도트〉의 여운은 오랜 시간이 지났음에도 생생하게 기억하고 있다.

내가 어릴 때부터 문화 예술을 향유했던 것은 아니다. 우리나라가 지금처럼 풍성하게 문화를 즐길 수 있게 된 것은 그리 오래되지 않았다. 내가 대학생일 때만 해도 1인당 국민소득이 5,000불이 채 되지 않았고, 제대로 된 문화 예술도 없었다. 볼 만한 공연이라야 읍내 다리 밑에서 상설 공연을 하던 약장수가 유일했다. 간혹 유랑극단이 오면 공연이 끝날 무렵 천막이 올라갈 때 몰래 들어가 마지막 장면을 보는 정도였다.

제대로 된 문화를 접한 것은 독일에서였다. 유럽 대부분이 그렇지만, 내가 지냈던 도시 근교는 괴테가 여름 한 철 머물러 창작을 하고, 카페에서 커피 한잔을 마셨던 곳이었다. 유학 생활을 하면서 국내 방송사의 통신원으로 활동했는데, 그때 독일 괴팅겐 신문사 문화부장의 초대를 받아 뮤지컬을 볼 수 있었다. 한국에서 TV로 접하기는 했지만, 현장에서 보았던 무대의 압도감, 현장감, 생동감은 지금도 잊을 수 없다.

한국에서는 아리랑TV 부사장 시절 정말 많은 공연을 보았다. 당시 아리랑TV는 예술의전당과 세종문화회관 공연을 녹화해서 전 세계로 내보내고 있어 세계적인 오페라, 발레 등 많은 명작을 볼 수 있었다.

경험의 영역이 넓어지면 창의성으로 연결된다

일에서는 경험이 무척 중요하다. 가만히 앉아 있는다고 아이디어가 솟아나지 않는다. 특히 한 직장에서 오래 일하다 보면 한쪽으로 치우쳐 수직적으로 일하게 되고, 사고가 경직되어 버린다. 그러므로 수평적인 경험을 위해 평소 다양한 분야에 관심을 가져야 한다.

독일의 철학자이자 사상가인 아우구스티누스Aurelius Augustinus는 "세상은 한 권의 책이다. 여행하지 않는 사람은 책의 한 장만 읽는 것일 뿐"이라고 했다. 많은 기획자들이 아이디어 구상을 위해 미술관이나 박물관을 찾고, 여행을 가고, 사람을 만나는 것은 바로 이런 이유 때문이다. 아이디어는 자신이 가지고 있는 지식, 상식과 경험이 씨줄과 날줄처럼 만나면서 생겨나는 일종의 기술이다.

EBS가 온라인 클래스 시스템을 구축하면서 해결의 조짐이 보이지 않을 때 사장인 내가 전문가 투입을 지시했다. 물론 문제 해결이 리더의 책임과 역할이지만, 달리 생각하면 나는 외부인으로 부임한 지 1년 정도밖에 되지 않았고, 기술에 대해서도 잘 알지 못한다. 한 직장에 오래 있었고, 기술을 잘 아는 사람이라면 그 상황에 필요한 것이 무엇인지 알아챘어야 한다. 만약 결단이 하루만 더 늦었어도 온라인 클래스는 성공하지 못했을지도 모른다.

코로나19를 통해 EBS를 교육재난주관방송사로 격상시킨 계기를 만든 것도 나였다. 그 상황에서 누구도 법적 검토를 생각하지 못했다. 내가 잘났다고 자랑하는 것이 아니다. 그것이 가능했던 것은 경험 영역이 달랐기 때문이라는 점을 강조하고 싶은 것뿐이다.

회사 내부에는 유사한 경험을 가진 사람이 많다. 나는 외부에서 경험을 축적한 사람이고, 내부 구성원들과는 다른 경험을 했다. 이것이 만나 시너지 효과를 낼 수 있었다. 물론 내부를 잘 아는 것도 매우 중요하다. 하지만 조직의 내부를 너무 잘 알고, 깊이 젖어 있다 보면 자칫 마이크로매니지먼트를 할 우려가 있다. 마이크로매니지먼트를 하게 되면 무엇이 더 중요하고, 무엇이 덜 중요한지 판단하는데 무감각해질 수 있다.

가치를 경험하면 삶의 스펙트럼이 달라진다

기업에서 포상은 여러 형태로 이뤄진다. 생일을 맞은 직원을 초청해 식사를 대접하기도 하고, 인센티브를 주거나 휴가로 대신하기도 한다. 나는 평소 중소기업 사장을 만나면 포상을 돈 대신 여행 패키지로 하라고 조언한다.

만약 포상금으로 200만 원이 책정되어 있다. 나라면 그 돈으로 차라리 KTX 특실 2장, 1박 2일 호텔 숙박권(혹은 2박 3일도 좋다), 오페라나 콘서트 등 문화 예술 티켓 2장, 맛있는 식사를 할 수 있는 파인다이닝 식사권으로 구성된 부부 여행 패키지를 선물할 것이다. 이렇게 구성해도 200만 원이 채 들지 않지만, 이들이 느낀 감성과 추억은 평생 간다. 1년에 한 번 최우수 사원을 뽑아 유럽 등 해외여행을 보내주는 것도 추천한다.

돈으로 포상하는 것도 물론 중요하다. 직장인은 모두 돈이 필요하기 때문이다. 하지만 조직 입장에서 보면 효율은 전자가 훨씬 높다. 돈으로 포상하는 것은 한계가 있다. 돈은 손에 들어오는 순간 용처가 생긴다. 대부분 일주일도 지나지 않아 흔적도 없이 사라진다. 대출을 갚아야 할 수도 있고, 차를 바꿔야 할 수도 있고, 가족의 결혼으로 TV나 냉장고를 장만해야 할 수도 있다. 당장 급한 것부터 해결한다. 월급 1억 원을 받는 사람은 풍족하게 쓰고도 돈이 남아돌 것 같지만, 그들은 그들대로 월급의 규모에 맞춰 포트폴리오를 꾸린다. 그런데 여행을 가서 베를린 필 공연을 보거나 라인강 주변에 있는 성 호텔에서 하룻밤을 자고, 세계적으로 수출하는 와이너리에서 와인을 마시고, 미슐랭 쓰리스타가 운영하는 식당에서 저녁을 먹는 경험은 머릿속에 영원히 기억된다. 이런 여행은 평범한 직장인 부부가 쉽게 하지 못한다.

돈으로 하는 포상이 학교 종이라면 문화 경험은 에밀레종과 같다. 학교 종은 운동장 근처에만 울리지만, 에밀레종의 웅장한 소리는 20킬로미터 이상 퍼져나간다. 그야말로 지축을 흔드는 감동이다.

가치를 경험하면 삶의 스펙트럼이 달라진다. 그래서 문화 예술 경영을 해야 한다. 문화 예술 기반의 경영을 하면 악한 감정이 사라지고, 사고가 유연해지고, 창의적으로 변하며, 사람에 대한 존중심과 애사심이 생겨난다. 선순환 구조를 가져오는 것이다.

아리랑TV 부사장 시절, 당시 권위 있는 글로벌 방송에서 일한 경험이 있는 직원이 없어 독일 언론 관련 기관의 도움을 받아 기자와 PD 2명을 독일 해외 방송사인 DW-TV에 3개월씩 파견 근무를 하도록 했다. 그 후 아리랑TV와 DW-TV는 프로그램을 공동 제작하기도 했다. 당시 파견된 직원들은 그런 기회가 방송하는 데 매우 유익했다며 감동했다.

삼라만상은 관계성을 가지고 작동한다

트렌드는 세상을 움직이는 힘이다. 그 힘이 어떻게 움직이고 있는지, 시대를 읽어 내는 능력은 모든 조직에 필요한 일이다. 일을 잘한다는 것은 사람의 마음을 읽어 내는 능력이 뛰어나다는 것을 의미한다. 그런데 요즘은 트렌드가 빠르게 변하기도 하지만, 불확실한 요인도 많다. 사람의 마음도 시시각각 변한다. 많이 보고, 많이 읽고, 많이 배우는 것만으로 뭔가 부족하다. 책을 통해서 혜안을 얻을 수 있지만, 이미 한 템포 느리다. 저자가 트렌드를 파악한 뒤 책을 써서 가공해서 출판하고, 그 책이 내게 닿기까지 최소한 1년은 걸린다. 그러므로 다양한 부류의 사람을 많이 만나야 한다.

나는 고민이나 결정할 때 직관을 믿기보다 경험에서 도움을 받는다. 기회가 되면 여러 기업을 방문하는데, 출장 중 자동차 회사나 방호복 회사를 찾아가기도 한다. 4차 산업혁명 시대에 그들은 어떤 생존 전략을 가지고 있는지, 어떤 경영 철학을 갖췄는지, 어떤 투자를 하는지 등을 살핀다. 이러한 경험들이 나중에 기관을 운영하는데 피가 되고 살이 되는 정보가 된다. 책을 읽는 것도 좋지만, 현장에 가서 2시간 정도 이야기를 듣고 질의 응답하는 시간을 가지면 훨씬 더 기억에 남는다.

과연 나와 상관없어 보이는 회사를 찾아가는 것이 도움이 될까, 의문스러울 것이다. 하지만 경영이란 어느 기업이나 다 마찬가지여서 공통점이 있다. 사회의 형질이 변형되고, 변화되는 환경에서 기업은 모두 나름대로 몸부림을 치고 있다. 그 몸부림은 되는 대로 치는 것이 아니라 일정한 방향성을 가지고 있다. 전혀 관계가 없을 것 같은 것도 나중에 보면 접점이 생긴다. 이것이 결국 요즘 강조하는 융합이다.

한국문화 홍보가 주 역할인 아리랑TV에서의 업무와 교육 방송사인 EBS는 얼핏 아무런 연관이 없을 것 같지만, 결국은 깊은 관계가 있다. 두 기관 모두 특수 목적을 가진 공적 서비스를 담당하고 있으며, 일정 정도 공적 재원에 의존하고 있다. 또한 국정 감사도 준비해야 하고, 무엇보다 콘텐츠를 제작하여 사람의 마음을 움직이게 하는 방송사다.

많은 사람을 겪으면서 경험이 쌓이면 자신도 모르는 사이 기술이 체득되고, 그것이 나중에 다른 것과 결합해 아이디어로 나온다. 책을 통해서 얻는 것과는 또 다른 지혜다. 나와 관계없는 일은 없다. 직접적으로 관련이 있느냐 없느냐의 문제지, 결국 삼라만상은 서로 관계성을 가지고 작동한다. 원심력이 크냐 작냐의 문제일 뿐이다.

문화 예술과의 긴밀한
교감은 인간의 마음을
변화시키고 울림을
경험하게 함으로써 리더가
비전을 갖고 복잡한
문제들을 해결해 나가는 데
중요한 길라잡이 역할을
한다.

예술의 끝은 사람을
향해 있다

예술의 목적은 사물의 외관이 아닌
내적인 의미를 보여주는 것이다.
- 고대 그리스 철학자, 아리스토텔레스

기업의 EGS 경영은 사회적 가치로 이어진다

ESG^{Environmental, Social, Governance} 경영은 이제 선택이 아닌 필수다. 모든 기관이나 조직이 재무적인 수익성 위주의 경영에서 환경과 사회적 책임, 그리고 지배 구조 등에 관해 더 많은 관심을 갖게 되었다. 우리나라에서는 지난 2020년부터 ESG에 관한 관심이 폭발적으로 증가했다.

지금이 지구온난화를 막을 수 있는 마지막 타이밍이라는 사실은 전 세계가 공감하고 있는 사실이다. 빙하와 빙토氷土가 녹으면서 바닷물의 수위가 올라가고, 수온이 올라가면서 해양 생물이 떼죽음을 당하고 있다. 매해 자연재해의 심각성은 정도를 더해 가고, 인간마저 코너에 몰린 상황이다.

방송사도 예외일 수 없어 EBS는 환경 차원에서 무대 장치 등에 사용되는 자재의 재활용도를 획기적으로 높여 비용을 절감하면서 기후 환경 변화에 나름대로 대응하는 방안을 강구했다. 또 대구·경북 지역이 코로나19로 매우 심각한 상황으로 힘든 시간을 보내고 있을 때, EBS는 코로나19 극복을 위한 성금 1억 원을 희망브리지 전국재해구호협회에 기부했다. 적자에 허덕이던 터라 경영상 쉬운 결정은 아니었지만, 국민 건강을 지키는 데 조금이나마 보탬이 되고자 한 결정이었다. 이처럼 기업의 사회적 책임은 서로가 조금이라도 힘을 합해 위기를 극복해 가고 사회와 소통하는 일이다. 조직은 사회 속에 살고, 사회와 함께 살기에 소통하고 나누는 것은 어쩌면 너무도 당연한 일이다.

기업의 지속 가능성에 영향을 주는 사회적·윤리적 가치는 기업의 예술 지원 활동인 메세나와도 밀접한 연결성을 갖고 있다. 메세나 활동은 ESG 활동 중에서도 사회적 책임과 깊은 관계가 있다.

클래식은 검증된 비즈니스 전략이다

'메세나mecenat'란 고대 로마제국의 아우구스투스Augustus 황제의 친구이자 상담역이었던 가이우스 클리니우스 마에케나스Gaius Cilnius Maecenas의 이름에서 유래된 프랑스어다. '기업이 문화 예술을 지원하는 활동'을 통칭하는 말인 메세나는 최근 의미가 확장되면서 이제는 문화 예술뿐만 아니라 교육, 환경, 과학, 스포츠 그리고 더 나아가 인도적 공익사업까지 포괄한다.

현대의 메세나는 기업의 브랜드 이미지를 높이는 문이라고 할 수 있다. 사회적으로는 문화 예술의 지속 발전을 위해 기여하면서 브랜드 가치를 높여 경제적 이익을 도모하는 메세나 활동은 기업이나 기관의 매우 중요한 요소가 되었다.

클래식의 개념을 넓은 의미로 보면 오랜 세월 동안 다양한 문화권에서 공유·인정받고 있는 고전적인 스타일, 디자인 또는 예술 작품이 모두 포함된다. 기업 경영에서 오랫동안 검증된 전략이나 비즈니스 모델을 클래식이라고 해석한다면, 클래식은 불확실한 시장 상황에서 경쟁력을 확보하고 안정적이고 신뢰성 있는 경영 전략을 의미한다.

메세나 활동은 효과성이 일정 정도 검증된 클래식한 경영 전략 중 하나이다. 때문에 지속적으로 예술과 문화적 경험을 활용해 브랜드 이미지를 강화하는 기업이 많다. 특히 불경기로 문화 예술 시장이 위축되었을 때 기업의 문화예술 참여는 차별화가 확실하게 이루어져 효과가 더 돋보인다. 즉, 경제 환경이 불확실할수록 경영에 클래식을 입히면 기업의 안정성과 신뢰성을 확보할 수 있을 뿐만 아니라 장기적으로 기업 이미지 제고를 통해 경쟁력을 확보할 수 있다.

예술 작품은 인간의 삶과 인간적 가치에 대한 깊은 이해와 공감을 담아낸다.

이런 '아트 휴머니즘art humanism'은 인간 중심의 예술 철학으로 예술 작품이 단순히 재미나 미를 추구하는 것이 아니라 자아를 발견하고 인간적 가치를 인식할 수 있도록 한다. 아트 휴머니즘의 대표적인 예술 작품으로는 우리가 잘 알고 있는 빈센트 반 고흐Vincent van Gogh의 '별이 빛나는 밤', 파블로 피카소Pablo Picasso의 '게르니카' 등이 있다. '별이 빛나는 밤'은 자연 속에 흐르는 인간의 감성과 정서의 조화를 잘 표현하고 있으며, 스페인 내전의 잔혹함과 비극적 상황을 상징적으로 표현한 '게르니카'는 예술을 통해 전쟁과 폭력의 비인간성에 대해 강력한 메시지를 전해준다.

아트 휴머니즘을 통해 성공한 기업으로는 애플과 픽사, 구글, 에르메스 등을 꼽을 수 있다. 이들의 공통점은 제품의 디자인뿐만 아니라 기업 문화 전반에 걸쳐 문화 예술을 입히고 광고와 마케팅에도 활용한다는 점이다. 디자이너, 공학자, 예술가 등이 협업을 통해 아트 휴머니즘을 적극적으로 활용하여 창의적인 제품과 디자인을 개발함으로써 기업의 브랜드 가치를 획기적으로 높여가고 있다. 우리나라의 기업을 대표하는 현대자동차도 디자인과 기술, 예술가들의 협업을 통해 아트 휴머니즘을 적극적으로 활용하고 있으며, 문화 예술 기관과 협력도 활발하게 추진하고 있다.

감성적 경험을 공유한 고객은 쉽게 잊지 않는다

독일의 자동차 BMW는 광고 캠페인에 클래식 음악을 사용하여 고급스러운 이미지와 뛰어난 성능을 부각하는 데 성공한 대표적 사례다. BMW의 신차 출시 행사장에서는 오케스트라가 클래식 음악을 10여 분간 들려주면서 주목도를 높인 후 신차를 무대 위로 등장시킨다. 이를 통해서 남다른 존재감과 강렬한 인상을 심어준다. 'BMW는 엄청난 음악의 세계로 가는 길을 보여줍니다'라는 슬로건과 함께 바이올린, 기타, 만돌린, 세 가지 악기로 표현한 광고는 강력한 브랜드 이미지를 형성해 가고 있다.

BMW는 기술과 문화 예술 협업의 선구자다. 수십 년간 세계적으로 유명한 오케스트라와 음악가들과 함께 작업하며 완전히 새로운 음악 경험을 만들어냈다. 즉, 첨단 기술과 디자인만으로는 전달할 수 없는 감성적 경험을 공유함으로써 고객 감동을 극대화한 것이다.

대표적인 것이 유명 오페라 극장과 협력하여 다양한 공연과 이벤트를 제공하는 'BMW Opera Next'와 세계적으로 유명한 클래식 음악가들이 참여해 공연을 펼치는 'BMW Classic'이다. BMW는 이 프로그램을 통해 기업의 브랜드 이미지를 강화할 뿐만 아니라 대중과 예술의 협력을 촉진하고 있다.

BMW는 지금까지 세계 각국 대도시의 공연장 객석뿐만 아니라 온라인으로 수백만 명이 무료로 음악을 즐길 수 있게 해왔다. 이처럼 BMW가 지속적으로 제품에 클래식을 입히는 작업을 하는 것은 음악이 매우 감성적이며, 영원히 기억할 수 있는 순간들을 만들어내기 때문이다. 이 같은 전략은 문화 예술이 제품의 고급스러움과 세련된 이미지를 만들어내고 지속시키는 데 성공하고 있다는 방증이기도 하다. 우리나라 기업 중에서는 LG그룹이 'LG 아트센터'를 운영하며 클래식 음악과 무용, 연극 등의 공연을 한다.

공기업의 경우 메세나 활동에 직접 참여할 수는 없지만, 나는 메세나 활동에 적극적으로 참여하는 기업 경영자들에 대해서 존경심을 갖고 있다. 내 주위에도 중규모의 기업을 운영하면서 대기업 못지않게 많은 금액을 메세나 운동을 위해 기부하는 분들이 있다.

문화와 예술이 없다면 인간 사회는 너무나 황폐하고 삶은 무미건조해질 것이다. 예술은 다양한 방식으로 예술가의 감정과 생각을 표현하고, 그 의미를 전달하는 커뮤니케이션 활동이다. 또한 우리는 문화 예술을 통해 동시대를 살아가는 공동체를 형성하기도 한다. 예술은 상상력으로 시작되지만, 그 끝에는 인간이 있다. 우리가 문화 예술로 감동을 받는 것은 그 때문일 것이다.

사소한 노력이
행복한 조직을 만든다

경험의 가치는 많이 보는 것이
아니라 현명하게 보는 것이다.
- 존스 홉킨스 의대 설립자, 윌리엄 오슬러

문화 예술은 신선한 시각을 제공하고 새로운 길을 열어준다

융합형 인재와 창의성이 중시되고 있는 오늘날 조직과 예술의 상생은 매우 중요하다. 그래서 조직 또는 경영 관리에만 능하고 예술에 대한 이해가 부족한 리더는 반쪽짜리 리더이고, 문화 예술에만 전문성이 있고 조직 관리를 못 하는 리더는 최악의 리더가 아닐까 생각한다. 누누이 강조하지만, 조직의 창의성을 끌어올리기 위해서는 유연한 생각과 커뮤니케이션 환경이 중요하다. 수직적 커뮤니케이션 채널만이 작동하고, 리더가 문화 예술에 관심이 없으면 경직되고 재미없는 조직이 될 가능성이 크다.

문화 예술은 생각을 말랑말랑하게 만들며, 창의성의 원천이 되는 요소다. 디지털로 매개되지 않는 문화 예술과의 직접적인 만남을 통해 우리는 감동받고, 감성이 풍부해진다. '아는 만큼 보인다'는 말이 있다. 문화와 예술도 마찬가지다. 각자의 경험 영역에 따라 페르난도 보테로Fernando Botero Angulo의 작품이 그저 우스운 패러디 작품처럼 보이기도 할 것이고, 사회 비판적인 그림으로 비치기도 할 것이다.

우리는 그동안 입시 중심의 교육으로 인해 문화 예술에 관해 관심을 가지거나 경험할 기회가 많지 않았다. 오로지 경쟁에만 집중하다 보니 정서는 메마르고 삶은 피폐해진다. 특히 고급문화 예술은 나의 삶과는 관련이 적은 것처럼 인식하는 경우가 많다.

하지만 일차원적으로 생각해도 문화 예술은 우리 삶과 가깝다. 대중가요로 마음을 위로받기도 하고, 도심 속에서 열리는 버스킹 공연에 빠지기도 한다. 간혹 프리마켓에서 산 싸구려 그림 한 점이, 도자기 한 점이 수억 원을 호가하는 귀중한 문화재였다는 뉴스를 본다. 그림이 마음에 들어서 산 것이겠지만, 평소 문화 예술에 관심이 있었기에 가능한 일일 것이다.

본 만큼 느끼고, 아는 만큼 보인다

첨성대를 아무 정보 없이 보는 사람은 그냥 돌무더기를 쌓아놓았다고 생각할 수 있다. 그러나 첨성대가 세계에서 가장 오래된 천문대로, 한반도 고대 건축물 중 유일하게 후대의 복원이나 재건 없이 창건 당시 모습 그대로 보존된 문화재라는 것을 알게 되면 첨성대를 보는 시선이 달라질 것이다.

에밀레종 국보 성덕대왕신종은 어떤가. 웅장하고 기묘한 소리를 내는 에밀레종은 신라의 문화와 종교, 기술이 만나 이루어진 예술의 결정체다. 구리가 2톤이나 들어갔으며, 무게만 25톤인 우리나라에서 가장 큰 종으로 제작 기간만 34년이라고 한다. 210톤에 달하는 세계 최대인 러시아의 황제의 종은 제작 과정에서 깨져 한번 쳐보지 못했고, 미국의 독립선언을 알린 자유의 종도 깨진 채 전시돼 있지만, 에밀레종은 1,300년을 문제없이 견뎠다. 에밀레종에는 종 하나만으로도 박물관을 하나 지을 수 있을 만큼 신라의 탁월한 기술력과 과학이 숨어 있다고 한다. 이런 사실을 알고 에밀레종을 보면 그 위대함이 새로워 보인다.

독일에서 베를린 필하모니를 지나가면서도 그곳이 예술의 중심지 베를린을 상징하는 공연장인지 모른다면 아무런 감흥이 없을 것이다. 하지만 베를린 필하모니가 원래는 롤러스케이트장이었고, 스케이트의 인기가 사그라지면서 공연장으로 용도가 변경되었다는 사실을 알면 무척 흥미로울 것이다.

인구 200만이 채 되지 않는 빈에는 유럽 최고 규모인 빈 국립 오페라하우스가 있다. 오픈 작품으로 모차르트의 오페라 〈돈 조반니〉가 초연된 곳이기도 하다. 이런 스토리텔링과 가치를 알면 세상이 새로워지고, 관점이 달라진다. 그래서 문화 예술도 공부해야 한다.

경험 영역의 공통분모가 클수록 더 잘 통한다

초등학교 때 아무리 친했더라도 오랜 시간이 지난 후 만나면 할 이야기가 없다. 어렸을 때는 붙어 지낼 만큼 단짝이었어도 커가는 과정에서 경험의 영역이 완전히 다르기 때문이다. 인생의 행로가 전혀 다르다면 한두 시간 대화를 나누고 난 후부터는 할 이야기가 없다. 다시 만나고 싶은 마음도 들지 않는다. 그러나 만남의 기간이 길지 않아도 공통분모가 크면 소통이 잘된다.

우리는 지금까지 시험 잘 보는 것만 가르쳤지, 인간의 마음을 풍요롭게 하고, 따뜻하게 하고, 관대하게 해주는 고급문화 예술과 친해지는 방법에 대해서는 가르친 적이 없다.

과거에는 공부 잘하는 것은 곧 암기력이 좋다는 의미였다. 계산기가 나오기 전에는 주산을 잘 놓는 사람이 최고였고, 주산을 할 줄 아는 것이 엄청난 역량이었지만, 계산기가 등장한 이후에는 주산이 사라졌다. 이제 IQ는 로봇, 인공지능에게 맡기면 된다. 아무리 수학을 잘해도 EQ^{감성지수}가 부족한 사람은 앞으로 도태되기 쉽다.

로봇이 인간의 노동을 대신하고 인공지능이 인간의 창의성마저 넘보고 있지만, 결국 인간이 의지할 것은 창의성과 상상력뿐이다. 방송뿐만이 아니다. 모든 분야, 심지어 로봇 팔이 물건을 만드는 공장에서조차 인간의 편의와 즐거움, 안

락함을 만들어내기 위해서 인간의 창의성과 상상력은 더 필요해질 것이다. 감성이 메말라 가는 시대이기 때문에 더욱 필요한 것이 인간의 감성이다.

예술, 음악, 문화는 인간의 공통분모다. 그렇기 때문에 말 한마디 통하지 않아도 감동 있는 연주는 전 세계인을 감동시킨다. 문화 예술 향유를 통해 개인의 삶을 풍요롭게 할 뿐만 아니라 상대에 대한 이해의 폭도 넓어지고 관대해지며, 다양성에 대한 인정과 상대에 대한 존중이 원활하게 이루어진다. 이렇게 되면 조직에서의 인간관계도 신뢰와 존중을 기반으로 이루어지기 때문에 건강한 상호작용이 원활하게 이루어질 수 있다.

조금씩, 천천히, 축적한 경험은 결국 자신에게 돌아온다

고급문화의 경우에는 젊은 시절부터 자연스럽게 접하지 않으면 입문하기가 쉽지 않고, 문화 예술에 대한 욕구나 갈망도 크지 않다. 오페라는 스토리, 배우의 연기, 오케스트라, 노래, 의상, 조명, 무대장치 등 그야말로 종합 예술이지만, 오페라를 즐기고 누리는 사람은 아주 소수다. 오페라는 스토리를 알아야 한다. 〈나비부인〉은 유명한 오페라이지만, 스토리를 제대로 아는 사람은 많지 않다. 스토리를 모르면 결국 서양인들을 앉혀 놓고 판소리 〈춘향전〉을 들려주는 것과 다를 바 없다. 서양인들에게 〈춘향전〉을 들려줘도 〈춘향전〉의 정서와 판소리를 모른다면 그 가치를 제대로 알 수 없는 것과 같다.

문화 예술에 대한 향유는 평소에 조금씩 축적해 가야 한다. 어른이 되어서 시작하면 자연스럽지 못하고 쉽게 친해지기도 어렵다. 기술은 빠르게 발전하고 사회 변화도 빨라지지만, 사람들의 태도는 느리게 변한다. 문화 예술과 관련한 경험도 그렇다. 빨리 체득하고 싶다고 느껴지는 것이 아니다. 경험이 쌓이고 시간이 지나야 깊이가 생긴다.

오래전 핀란드의 정보통신 분야 기업을 방문했던 적이 있다. 안내 데스크를 찾느라 상당히 애를 먹었는데 알고 보니 바로 눈앞에 있었다. 기존에 갖고 있던 안내 데스크와 전혀 다른 디자인이기도 했거니와 일하는 사람의 복장도 자유스러워 미처 알아채지 못한 것이다. 학교에서 창의성 교육을 매우 활발하게 하고 있는 북유럽 국가의 진면목과 헬싱키가 디자인 도시라는 것을 체감하는 기회였다.

요즘 세계적인 IT 기업에 가면 색상과 가구에 예술을 입혀 고정 관념을 완전히 없애서 이게 과연 사무실인지 놀이터인지 구분이 안 될 정도로 변화한 곳들이 많다. 구성원들이 사내에서 자유롭게 활동함으로써 아이디어 구상에 도움을 주기 위해서다. 이처럼 조직 차원에서 구성원들이 직접 문화 예술 활동에 참여해 창의적인 사고와 탐구 활동을 펼칠 수 있도록 지원하는 프로그램을 마련하여 운영하는 것이 필요하다.

회사 차원에서 사내 동아리 활동 등 다양한 프로그램을 만들어 지원하면 원활한 수평적 커뮤니케이션이 활성화되어 회사가 재미있어지고 창의적인 아이디어가 많이 나올 수 있다. 여유가 된다면 사무 공간에 예술성을 입혀 구성원들이 편안한 가운데 창의적으로 작업할 수 있는 근무 환경을 만들어주는 것도 매우 중요하다.

이러한 이유로 나는 기업에서 문화 예술 경험을 의무화시켜야 한다고 생각한다. 또한 정부가 문화 예술에 더 많은 예산을 투입하고, 시민들이 돈 걱정 없이 문화 예술을 즐길 수 있도록 문턱을 낮춰야 한다고 생각한다.

돈과 시간이 아닌, 마음이 문제다

문화 예술 경험은 리더에게만 필요한 것이 아니다. 뮤지컬 한 편의 티켓값이 10만 원이 넘어가는 요즘, 괜찮은 전시회를 보려면 지갑이 얇아지는 것을 각오해야 한다.

문화 예술을 즐기려면 돈도 필요하다. 하지만 최근에는 웬만한 지방자치단체에서도 문화 예술 행사를 많이 진행한다. 특히 내가 살고 있는 광주는 혜택받은 곳이다. 아시아 문화 중심 도시로서 서울의 국립중앙박물관보다 더 큰 아시아문화전당이 있어 세계적인 전시나 공연을 많이 한다. 그래서 집에 손님이 방문하면 국립아시아문화전당에 공연을 보러 가기도 하고, 비엔날레와 같은 국제 미술 행사가 열릴 때면 전시장을 찾기도 한다. 때로는 친구들과 함께 대학로 극장을 찾기도 하며, 예술의전당이나 세종문화회관의 공연을 즐기기도 한다.

문화 예술은 돈보다 시간과 마음의 문제다. 이제 한국 직장인도 원칙적으로 주 52시간 이상 일할 수 없다. 본인의 의지만 있다면 문화 예술 감상을 위해 시간을 투자하는 것이 가능하다. 감히 쳐다보기 어려울 만큼 비싼 것도 있지만, 공짜로 즐길 수 있는 전시나 연주회도 많다. 수준에 맞춰서 경험하면 된다. 평소에는 공짜 문화를 즐기다 일 년에 한두 번 정도 사치를 부려도 좋다.

생각해 보면 평소에는 편의점 삼각김밥으로 점심을 때우며 돈을 아꼈다가 한 달에 한 번 비교적 비싼 오마카세*를 먹으러 간다는 요즘 MZ세대들의 가치관과도 닮았다. 그 오마카세가 감동적이었다면 다음에는 좀 더 오래 주먹밥을 먹고 미슐랭 쓰리스타 레스토랑에 갈 수도 있다. 어디에 관점을 맞추냐가 문제다.

우리나라에도 좋은 음악제가 많다. 매년 7~8월에 열리는 평창대관령음악제만 해도 세계적인 음악가들이 대거 참여한다. 처음에는 깊은 산속에 누가 오냐며 의심의 눈초리를 보냈지만, 지금은 아시아에서 손꼽는 음악제가 되었다.

문화는 공감 능력이라는 리더의 역량을 키운다

여행 중 오페라와 콘서트 감상을 하면 예술의 힘을 통해 진한 감동을 받는다. 이런 음악 여행은 나의 시각과 사고의 폭을 넓혀주며 새로운 감성과 상상력을 키워준다. 앞에서도 언급했던 것처럼 리더들은 문화 예술과 친해져야 통찰력과 문제 해결 능력을 키우게 되고, 창의성이 길러지고, 영감을 받아 혁신적 마인드를 촉진할 수 있다. 그뿐만이 아니다. 감성이 풍부해져 상대에 대한 이해와 배려의 마음을 갖게 하고, 공감 능력이라는 리더의 역량을 함께 성장시킨다. 이러한 능력은 조직 내에서의 다양성을 인정하고, 포용과 협업의 조직 문화를 만들어가는 데 큰 도움이 된다.

문화 예술과의 긴밀한 교감은 인간의 마음을 변화시키고 울림을 경험하게 함으로써 리더가 비전을 갖고 복잡한 문제들을 해결해 나가는 데 중요한 길라잡이 역할을 해줄 것이다. 개개인이 문화를 향유하고 예술과 친해지는 노력을 해야 삶이 행복해지고, 조직의 하모니가 잘 이루어져 아이디어도 많이 샘솟고, 국

---

* '맡긴다'라는 뜻의 일본어로 메뉴판 없이 주방장이 알아서 정해진 요리를 내어주는 코스 요리를 의미한다.

제 경쟁력도 생겨난다.

사내 교육 과정에서 경영, 기술, 소통, 건강, 리더십 관련된 주제들은 많이 다루는 편이나 문화 예술 주제는 소외되는 경우가 많다. 학교 교육에서도, 직장에서도 문화 예술은 대접이 소홀한 편이다. 구성원들에게 문화 예술 교육을 강화하게 되면 조직의 경직성을 해소할 뿐만 아니라 개인의 삶을 풍성하게 하는 데도 큰 보탬이 될 것이다.

CEO들도 강력한 리더십도 좋을 수 있으나 문화 예술에 대한 향유를 통해 창의적이고 부드러우며 하모니를 만들어낼 수 있는 리더십을 키워나가면 좋겠다. 처음 시작은 쉽지 않을 수 있으나 몇 번만 접하면 갈수록 더 재미있고 영혼의 위안을 받는 여가 생활이 될 수 있을 것이다. CEO가 구성원들과 함께 공연 등을 관람하는 것도 소통에 있어서 매우 중요한 기회가 될 것이다.

문화 예술과 친해져야
통찰력과 문제 해결
능력과 창의성을 키울 수
있고, 영감을 받아 혁신적
마인드를 촉진할 수 있다.
감성이 풍부해져 상대에
대한 이해와 배려가
커지고, 공감 능력이라는
리더의 역량도 함께
성장한다.

에 필 로 그

리더는 경영을
총괄하는 '지휘자'다

리더는 오케스트라의 마에스트로와 닮았다. 음악은 어떤 지휘자리더를 만나느냐에 따라 완전히 달라진다. 지휘자는 곡을 재창조하고, 악단오케스트라을 통해 그 곡을 연주한다. 음악을 재해석한다는 것은 지휘자가 곡에 통달했다는 것을 의미한다. 곡의 형식을 비롯해 주제, 화성, 박자, 속도, 리듬, 음색 등 모든 것을 분석해 단원에게 연주를 시킨다. 똑같은 악보를 가지고 똑같은 악단이 연주하더라도 지휘를 누가 하느냐에 완전히 달라진다. 같은 곡이 빠르거나 느리게 연주되기도 하고, 따뜻하게 혹은 화려하게 연주되기도 한다.

푸치니 오페라 〈라보엠〉과 〈투란도트〉를 초연한 지휘자로 역사에 남은 이탈리아 출신의 아르투로 토스카니니Arturo Toscanini는 '토스카 노노'라는 별명이 있는 아주 무서운 지휘자였다. 리허설 때 연주가 마음에 들지 않으면 마음에 들 때까지 소리를 지르고 욕을 했다고 한다. 클래식의 대중화를 이끌었다고

244

평가받는 '클래식의 황제' 헤르베르트 폰 카라얀Herbert von Karajan도 베를린 필하모닉을 35년간 이끌며 '독재자'라는 비난을 받기도 했다. 이와 대조적으로 '레니'라는 애칭으로 불렸던 레너드 번스타인Leonard Bernstein은 거장 마에스트로의 이미지를 벗어던지고, 음악을 자유롭게 즐기는 모습을 보여준 것으로 유명하다.

건축적인 논리로 독일 음악의 구조와 형식을 섬세하게 가공한 빌헬름 푸르트벵글러Wilhelm Furtwangler나 격정적인 기질과 열정적인 카리스마로 완벽하게 악단을 컨트롤한 리카르도 무티Riccardo Muti 등 세계적으로 유명한 지휘자들이 많이 있지만, 이들의 공통점은 단원의 역량을 최대한 끌어내 오케스트라를 세계적인 수준으로 올려놓았다는 것이다.

오케스트라는 작은 사회다. 바이올린, 비올라, 첼로, 더블베이스, 플루트, 트럼펫, 호른 등 각기 다른 음색을 가진 악기가 모여 조화를 이루며 아름다운 하모니를 이뤄낸다. 수많은 연주자 중 누구 한 명이라도 박자가 어긋나거나 소리가 아름답지 못하면 곡의 전체적인 조화는 무너진다.

기업이나 조직의 리더도 마찬가지다. 리더는 오케스트라의 지휘자와 같아서 전체 부서가 조화를 이루고 협력하기 위해서는 개성 있는 조직 구성원들을 아끼며 신뢰를 가져야 한다. 누구 한 명 낙오되지 않고, 다 같이 하나의 목표를 향해 정진할 수 있도록 리더가 앞장서야 한다. 이를 위해서 강함과 유연함의 조화를 이루도록 항상 유념해야 한다. 리더는 구성원들에 대한 칭찬과 격려에 인색하지 않고 가능한 한 긍정적인 태도를 가져야 한다. 사소한 일이라도 구성원의 성과를 격려하고 칭찬하면 조직 내 분위기가 좋아지고 일할 수 있는 환경이 저절로 만들어져 조직 문화 개선에 큰 힘이 된다.

지휘자는 막강한 권한이 있는 만큼 그에 따른 책임과 지식이 필요하다. 지휘가 아무렇게나 팔을 흔드는 것처럼 보이지만, 지휘자는 모든 악기의 특징과 연주 방식을 꿰뚫고 있으며, 고도화된 음악 이론을 섭렵하고 있다. 수백 년 전 살았던 작곡가의 사상과 감정을 이해하고, 곡의 의도를 알아채야 하므로 작곡가의 특색은 어떤지, 곡의 역사적 바탕은 어떤지, 화성법, 대위법 등 많은 것을 공부해야 한다. 그리고 자신의 지식과 해석을 단원들에게 전달하여 최고의 기량을 끌어낸다. 제대로 된 곡을 연주하기 위해 지휘자들은 수십 년간 수련하기도 한다.

리더도 마찬가지다. 타고난 리더도 있지만, 그보다는 만들어지는 리더가 더 많다. 리더는 소통 방식, 경영 능력, 위기관리 능력, 리더십 등을 통해 자신의 가치를 스스로 만들어 나가야 한다. 처음부터 리더란 없다. 끊임없이 자기를 단련하고 공부하는 자만이 유연하게 조직을 이끌 수 있다.

조직의 성과는 리더 개인의 것이 아니다. 성과는 조직원의 역량이 하나로 묶일 때 나오는 것이기 때문에 리더만 잘한다고 해서 좋은 성과를 얻지 못한다. 지휘자가 아무리 지휘를 현란하게 잘해도 연주자가 지휘자를 따라가지 못한다면 오케스트라의 훌륭한 연주는 기대할 수 없다. 바이올리니스트의 연주가 마음에 들지 않는다고 해서 지휘봉을 내던지고 직접 바이올린을 연주할 수도 없다. 결국 리더란 각자의 자리에서 최선을 다할 수 있도록 이끌어 최고의 화음을 맞추는 것, 즉 조직원이 최고의 역량을 발휘할 수 있는 환경을 만들어주고, 화합하여 하나로 이끌어가는 것이 리더의 역할이다.

조직의 성공은 구성원들의 마음을 어떻게 하나로 모으느냐에 달려 있다. 세계적인 지휘자가 아마추어 오케스트라의 지휘를 맡는다고 해서 갑자기 빈 필하모니나 베를린 필 수준으로 연주할 수는 없다. 그렇지만 세계적인 거장이라고 인정받는 것은 단원의 연주 실력을 극한까지 끌어올리는 방법을 알기 때문이다. 이처럼 유능한 리더는 구성원의 힘을 하나로 모을 줄 아는 사람이다. 구성원의 힘을 하나로 모으기 위해 가장 좋은 방법은 공유와 공감, 그리고 진정성이라는 것을 잊지 않고 기억했으면 하는 바람이다.

1960년대를 대표하는 시인 김수영의 작품 중에 '풀'이라는 시詩가 있다. 나는 이 시를 읽을 때마다 진정한 강함이란 무엇일까에 대해 생각한다. 풀은 강철이나 바위처럼 단단하지 않다. 손으로도 거뜬히 뜯을 수 있다. 그러나 풀은 강하다. 바람이 불기도 전에 드러눕는 듯하지만, 바람이 지나기 전에 다시 일어나 제자리를 지킨다. 강한 생명력이다. 리더도 마찬가지다. 크고 작은 숱한 문제를 만나지만 쓰러지지 않는다. 쓰러져서도 안 된다. 리더란 그런 것이라고 믿는다.

성공을 주도하는 관계 콘텐츠의 힘
리더는 마음을 만지는 사람이다

1판 1쇄 발행 | 2023년 10월 10일

지은이 | 김명중

펴낸이 | 김유열
편성센터장 | 김광호
지식콘텐츠부장 | 오정호
단행본출판팀 | **기획** 장효순, 최재진, 서정희 **마케팅** | 최은영 **제작** | 정봉식
북매니저 | 윤정아, 이민애, 정지현, 경영선

책임 진행 | 더시드컴퍼니 **편집** | 김진 **디자인** | 정수인
인쇄 | 우진코니티

펴낸곳 | 한국교육방송공사(EBS)
출판신고 | 2001년 1월 8일 제2017-000193호
주소 | 경기도 고양시 일산동구 한류월드로 281
대표전화 | 1588-1580 **홈페이지** | www.ebs.co.kr
전자우편 | ebsbooks@ebs.co.kr

ISBN 978-89-547-7851-0 (03320)
ⓒ 김명중, 2023